汽车品牌运营研究

汽车人的品牌宝典

AUTOMOTIVE BRAND OPERATION

AN ENCYCLOPEDIA FOR AUTO TALENTS

中国汽车技术研究中心有限公司 / 编

人民交通出版社股份有限公司

北京

内容提要

本书旨在为汽车品牌运营人员强化体系认知、构建品牌知识框架。全书分为三个篇章,以民族汽车品牌为主要研究对象,在分析民族汽车品牌的发展现状以及行业特质的基础上,提出了企业要结合外部竞争态势和内部组织结构来确定适合企业自身的、独特的品牌战略发展路径。

本书可供汽车品牌运营及营销人员阅读参考。

图书在版编目(CIP)数据

汽车品牌运营研究:汽车人的品牌宝典/中国汽车技术研究中心有限公司编.—北京:人民交通出版社股份有限公司,2023.5

ISBN 978-7-114-18809-1

Ⅰ.①汽… Ⅱ.①中… Ⅲ.①汽车工业—品牌战略—研究—中国 Ⅳ.①F426.471

中国国家版本馆 CIP 数据核字(2023)第 091903 号

Qiche Pinpai Yunying Yanjiu——Qicheren de Pinpai Baodian

书　　名:汽车品牌运营研究——汽车人的品牌宝典
著 作 者:中国汽车技术研究中心有限公司
责任编辑:刘泽宇　范　坤
责任校对:赵媛媛　魏佳宁
责任印制:张　凯
出版发行:人民交通出版社股份有限公司
地　　址:(100011)北京市朝阳区安定门外外馆斜街 3 号
网　　址:http://www.ccpcl.com.cn
销售电话:(010)59757973
总 经 销:人民交通出版社股份有限公司发行部
经　　销:各地新华书店
印　　刷:北京交通印务有限公司
开　　本:787×1092　1/32
印　　张:7.25
字　　数:143 千
版　　次:2023 年 5 月　第 1 版
印　　次:2023 年 5 月　第 1 次印刷
书　　号:ISBN 978-7-114-18809-1
定　　价:80.00 元

《汽车品牌运营研究——汽车人的品牌宝典》编写领导小组

《汽车品牌运营研究——汽车人的品牌宝典》编　委　会

序

党的二十大报告提到，“从现在起，中国共产党的中心任务就是团结带领全国各族人民全面建成社会主义现代化强国、实现第二个百年奋斗目标，以中国式现代化全面推进中华民族伟大复兴。”❶汽车产业是国民经济的重要支柱产业，产业链长、带动性强，是稳定经济大盘的“压舱石”。汽车强国建设是社会主义现代化强国的重要内容。习近平总书记在2020年7月23日视察一汽集团的时候指出，“一定要把关键核心技术掌握在自己手里，要立这个志向，把民族汽车品牌搞上去。”❷打造世界一流的汽车品牌是汽车强国建设的重要载体，是提升民族汽车产品溢价的有效途径，更是推动供给侧结构性改革、赢得国际市场的重要资源。汽车品牌是能给消费者带来溢价、产生增值的一种无形资产，是能够有效影响消费者心智的重要工具，因此，汽车品牌的建设与运营将是未来一段时间内汽车企业的重点工作之一。

中国汽车技术研究中心有限公司（以下简称“中汽中心”）作为在国内外汽车行业具有广泛影响力的综合性科技企业集团，始终坚持政府支撑、行业服务、消费引领三大主营

---

❶ 引用自《高举中国特色社会主义伟大旗帜为全面建设社会主义现代化国家而团结奋斗——在中国共产党第二十次全国代表大会上的报告(2022年10月16月)》(人民出版社2022年10月第1版)。

❷ 引用自《人民日报》(2020年07月26日01版)。

业务方向，坚定不移履行“引领汽车行业进步，支撑汽车强国建设”的使命。2021 年，中汽中心联合多家行业企业共同发起“民族品牌向上计划”，开展“民族汽车品牌向上路径、机制及方法研究”重大专项课题研究，积极承担支撑汽车强国建设的国家队责任。希望通过本书的出版，能更好地厘清汽车行业在品牌运营方面的底层逻辑、方法论以及不同阶段下的运营策略，为汽车品牌建设提供有效的底层支撑，助力民族汽车品牌向上。

汽车行业产业链复杂、技术革新迅速，作为高度资本密集的长周期行业，与其他行业有较大差异性，具有行业独特性。汽车产品作为单品价值高且使用寿命长的大宗商品，也与其他产品不尽相同。目前，业界缺乏针对汽车行业的品牌运营研究，本书在以往通用的品牌理论方法基础上，更进一步针对汽车行业的独特性，梳理研究品牌运营理论体系。本书旨在为汽车品牌运营人强化体系认知、构建品牌知识框架。全书分为三个篇章，以民族汽车品牌为主要研究对象，在分析民族汽车品牌的发展现状以及行业特质的基础上，提出了企业要结合外部竞争态势和内部组织结构来确定适合企业自身的、独特的品牌战略发展路径。同时，提出了品牌创新、提升、维护等分析模型和差异化运营策略，尤其是重点介绍了品牌联合策略模型、品牌屋、品牌激活模型、品牌工具模型等方法的理论与实践应用案例，更直观地阐述了汽车品牌运营的全体系、全流程的思路与方法。希望本书的出版能够给汽车品牌运营及营销人员带来一定的思路启迪。

本书的顺利出版离不开领导、行业专家以及人民交通出版社股份有限公司的大力支持和帮助。本书的编撰凝聚汽车品牌人的关爱和支持，我谨代表《汽车品牌运营研究——汽车人的品牌宝典》编委会，向为本书提供过帮助和支持的各位专家、企业同仁表示感谢！书中内容难免有错漏及不足之处，敬请各位专家、同行及广大读者批评指正。

安铁成

2023 年 4 月于天津

目　　录

下篇　汽车品牌运营策略与方法研究

中国汽车品牌现状分析

本篇包括中国汽车行业的基本状况和中国汽车品牌发展现状两个核心内容。

第一部分在汽车行业研究范围的基础上,从汽车市场状况、中国汽车行业发展历程、中国汽车行业未来发展趋势三个方面,对中国汽车行业的基本状况进行阐述。首先,基于近年全球汽车市场销量及增速概况、中国市场近年汽车产销量及增速概况、中国汽车行业乘用车及新能源车近两年产销情况及预测对目前国内外汽车市场整体状况进行分析。其次,分阶段梳理中国汽车行业发展历程。最后,对中国汽车行业未来发展趋势进行展望,包括中国汽车行业未来发展的驱动因素、中国汽车行业竞争格局及产业链发展趋势、细分品类汽车消费需求趋势、中国汽车行业产品及技术发展趋势。

第二部分以乘用车品牌为主,阐述中国汽车品牌发展现状。首先,描述中国乘用车市场汽车品牌图谱,将中国乘用车市场汽车品牌分为豪华品牌、非豪华合资品牌、非豪华民族品牌三大阵营,并分别梳理三大阵营中目前销量排名前十的汽车品牌。其次,分析中国乘用车市场汽车品牌竞争力。根据凯达研究院的研究成果,从经销商盈利水平、店均销量、市场占有率变化、销量增幅、经销商评价、投资推荐度六个维度,对各汽车品牌竞争力进行评价。最后,介绍中国汽车民族品牌的发展历程,总结民族品牌的运营痛点。中国汽车民族品牌发展经历了独立的民族品牌、合资品牌为主、民族品牌开始发展、民族品牌强势崛起四个阶段,主要问题为自主创新能力不强、传统品牌出现老化、整体品牌形象不高、品牌文化有待挖掘、品牌忠诚度亟须提升。

第一章 中国汽车行业的基本状况

汽车行业是国民经济发展的重要支柱产业之一，是国家基础工业，行业规模巨大，与其他的产业关联密切。汽车行业主要包括整车制造、零部件生产、汽车经销、汽车后市场四大子项。汽车整车主要包括乘用车和商用车，其中乘用车分为轿车、运动型多用途汽车（SUV）、多用途汽车（MPV）、交叉型乘用车；商用车分为客车和货车。本书集中关注整车市场，尤其是狭义乘用车（轿车、SUV、MPV）市场。

第一节　中国汽车行业发展历程

中国汽车产业从零基础起步，经过长时间、大幅度的增长，到如今汽车销量全球第一，创造了全球汽车发展史中独一无二的奇迹。中国汽车市场的发展吸引世界主流汽车制造商参与，并助推大众、丰田、通用等主流车企成长为千万辆级的企业。同时，中国民族汽车品牌起于微末，从学习国外车企的造车技术开始，逐步发展到能挑战合资车企部分产品，并逐步走出国门，在全球汽车市场与世界级主流车企展开竞争。

1. 萌芽阶段(1953—1980 年)

1953 年长春第一汽车制造厂的建成是我国开启汽车工业时代的标志。1956 年一汽制造的"解放牌"卡车是中国最早的民族品牌汽车。1957 年 5 月,一汽开始仿照国外样车自行设计轿车;1958 年先后试制成功 CA71 型"东风牌"小轿车和 CA72 型"红旗牌"高级轿车。同年 9 月,国产"凤凰牌"轿车在上海诞生。

1958 年以后,全国各省市纷纷利用汽车配件厂和修理厂仿制和拼装汽车,形成了中国汽车工业发展史上第一次"热潮"。到 1960 年,汽车制造厂由 1953 年的 1 家发展为 16 家,维修改装车厂由 16 家发展为 28 家。其中,南京、上海、北京和济南共 4 个较有基础的汽车制配厂,经过技术改造成为继一汽之后第一批地方汽车制造厂,发展汽车品种,相应建立了专业化生产模式的总成和零部件配套厂。

20 世纪 60 年代,在国家和各省市支持下,汽车工业探索管理改革。汽车改装业起步,重点发展了一批军用改装车。民用消防车、救护车、自卸车和牵引车相继问世,并为社会经济发展提供了城市、长途和团体这三大类客车。1965 年底,全国民用汽车保有量近 29 万辆,国产汽车 17 万辆(其中一汽累计生产 15 万辆)。1966 年以前,汽车工业共投资 11 亿元,形成了一大四小 5 个汽车制造厂及一批小型制造厂,年生产能力近 6 万辆、9 个车型品种。

20 世纪 60 年代中后期到 20 世纪 80 年代,全国汽车供不应求,迎来了中国汽车工业发展的第二次热潮。1976 年,全国汽车生产厂家增加到 53 家,专用改装厂增加到 166 家。

1980年全国民用汽车保有量169万辆，其中载货汽车148万辆。经过这一阶段的摸索成长，汽车生产向多品种、专业化发展，生产厂点近200家。

2. 民族汽车品牌“隐匿”阶段（1981—2000年）

1981年，当年全国汽车工业的年产量仅有17.5万辆，主要以中、重型载货汽车和越野汽车为主，技术含量和产品质量较低。1983年5月，北京汽车制造厂与美国汽车公司（AMC）正式签署合作协议，成立北京吉普公司。1984年上汽集团与德国大众汽车集团在北京正式签订合资协议，上海大众汽车有限公司成立。1985年7月，中国与法国的汽车车企合资的广州标致成立。

北京吉普、上海大众、广州标致等企业的成立标志着中国汽车工业对外开放迈出了实质性步伐，在完善对外合作的相关制度、法律、程序，为中国吸引外资、对外合作等方面奠定了坚实的基础。

1989年，中国汽车工业开始从计划经济体制向市场经济体制转变。1991年，一汽—大众汽车有限公司成立。1992年，东风集团与法国雪铁龙签订协议，成立合资公司神龙汽车有限公司。中国汽车产量于1992年首次突破百万辆。此后，国家开始对中国汽车管理职能进行重新划分，并在1994年发布了《汽车工业产业政策》。1986年吉利集团成立，于1997年开始正式进军汽车行业，主要生产轿车、越野车等。1997年，奇瑞汽车的前身——安徽省汽车零部件公司成立，通过仿制发动机、车身等部件，步入了造车拼搏之路。

这一时期，中国汽车工业有了一定的自主开发能力，汽车工业进入全面发展阶段。老产品如“解放”“跃进”等车型升级换代;商用车产品结构调整,改变“缺重少轻”的生产格局;建设轿车工业,引进资金和技术,国产轿车形成生产规模;行业管理体制和企业经营机制进行改革,汽车品种、质量和生产能力大幅提高。

3. 高速发展阶段(2001 年至今)

2001 年,中国轿车产量仅 70 万辆,但是仅在加入世界贸易组织(WTO)的第二年即增加至 110 万辆。加入世界贸易组织(WTO)后,几乎全世界主流汽车制造商都来华合资建厂。中国汽车企业也开始走出国门,通过收购国外汽车企业,消化吸收国外技术,发展壮大。越来越多的市场参与者让中国汽车市场进入了前所未有的繁荣时期。2007 年,全国乘用车市场销量达 500 万辆,其中,中国民族品牌车型占 30% 左右。此外,另有 50 万辆整车对外出口。

2009 年金融风暴席卷全球,国务院发布了《汽车产业调整和振兴规划》,出台一系列鼓励汽车消费者的政策。这一年,中国汽车产销量分别达 1379.1 万辆和 1364.5 万辆,同比增长 48.3% 和 46.15%,首次超越美国成为全球第一大新车市场,此后市场销量连续 9 年保持逐年提升,并创历史新高。虽然在疫情和国际环境影响下 2018—2020 年产销量有所回落,但在国家消费政策的刺激下,2020 年 4 月汽车市场开始复苏,2021 年重新实现正增长,销量持续雄居全球第一,占全球比重 30% 以上,新能源汽车增长迅猛。同时,中国汽车产业结构和市场也出现深层次变化,民族品牌崛起,市场份额持续提升。2021 年中国民族品牌乘用车共销售

954.3 万辆，同比增长 23.1%，占乘用车销售总量的 44.4%。

奇瑞、吉利、比亚迪等民族汽车品牌加强在汽车技术领域的探索，使中国汽车工业有了自主的、接近世界先进水平的平台技术和新能源汽车技术。设计上，中国民族汽车品牌设计出符合中国消费者审美的原创造型，提升了民族品牌产品的竞争力。一些非主流的外资品牌在华竞争优势逐渐被削弱，如韩系车北京现代、法系车东风标致、日系车长安铃木等，在中国市场日渐被边缘化，在华销量持续下滑。反观领克、WEY 等新汽车品牌，其在造型、技术上代表着中国汽车工业的先进水平，正代表民族汽车品牌向丰田、大众等主流外资车企发起挑战。在新能源汽车领域，一批像比亚迪、北汽新能源汽车在国际市场上占据一定的市场份额。

第二节　中国汽车行业未来发展趋势

1. 中国汽车行业未来发展的驱动因素

从国际环境来看，中国是世界汽车产业的重要组成部分，全球汽车工业正在加快向中国和新兴经济体的发展，形成中国汽车行业十分难得的发展契机。

在国内政策层面上，我国制定了一系列旨在推动汽车制造业发展的产业规划和扶持政策，为汽车产业提供了强有力的政策支持和保障。经济层面上，即便在疫情影响下我国居民消费有所放缓，但总体而言，我国居民人均可支配收入和居民消费水平呈现上涨态势，消费能力稳定。汽车作为支柱性产业和居民重要消费品，具有长期发展的稳定性，汽车市场仍存在巨大潜力。社会层面上，中国汽车千人保有量仍旧处于国际中低水平，驾驶人中有车一族仅占比66%，有较大汽车消费需求空间；而汽车普及使得消费者购车态度更加积极、对汽车审美也有所提升，从而对汽车高端化、品牌化和造型设计提出了更高的要求。技术层面上，国内创新投入持续增加，创新环境不断优化，主流技术的更迭与发展对汽车行业发展起到促进作用。车联网、自动驾驶、锂电池、汽车芯片、多传感器融合等技术的科研创新、资金投入力度连年加大，使汽车生产与升级获得强有力的支撑。

2. 中国汽车行业竞争格局及产业链发展趋势

汽车保有量趋于稳定，进入存量市场，竞争分化加剧。近几年我国汽车销售告别高速增长，汽车保有量逐渐趋于稳定。2021年，中国汽车保有量已经达到3.02亿辆，同比增长7.47%，新车销售在波动中趋缓。相应的汽车行业从增量市场逐渐转变为存量市场，市场集中度则继续保持较高水平，企业分化更为明显，优胜劣汰的步伐进一步加速。这一过程中，品牌效应发挥了越来越大的作用，汽车企业将会更加注重品牌管理，从单纯关注产销量数据过渡到更多地关注产品质量、提质降价和提升汽车使用体验上。

新能源汽车产业快速发展，传统车企加码新能源产品，带动新的竞争。中国新能源汽车产销量自2015年以来一直位居全球第一，累计占全球产销量的50%以上。2020年10月，国务院办公厅印发《新能源汽车产业发展规划（2021—2035年）》，为未来十五年中国新能源汽车发展指明方向。规划指出，到2025年新能源汽车新车销售量达到在售新车销售总量的20%左右,高度自动驾驶汽车实现限定区域和特定场景商业化应用。到2035年,纯电动汽车成为新车销售的主流,公共领域用车全面电动化,燃料电池汽车实现商业化应用,高度自动驾驶汽车实现规模化应用。在规划指引以及政府主管部门的大力推动下,未来新能源汽车产业会迎来难得的机遇,企业竞争将会更为激烈。中资企业和外资企业在各国碳排放等政策超紧的背景下,都进一步加速投放新能源车型。2020年,东风、长安、上汽、北汽等中资企业开始加大品牌培育力度,推出独立的中高端新能源汽车品牌,日产、大众、宝马也在华加码投产纯电动车型。未来,随着传统车企正式发力新能源汽车领域,汽车市场必将掀起新的竞争,也将涌现更多高品质、更实用的产品。

产业融合成为趋势,跨界造车热度不减,汽车后市场前景广阔。在汽车电动化、智能化、网联化发展趋势影响下,传统汽车产业链、供应链和价值链正被逐步打破,汽车与信息、通信、能源、交通等产业的融合发展,已经成为必然。造车新势力、互联网高科技企业、出行服务公司等跨界进入汽车行业,特别是苹果、华为、阿里、百度、小米等科技企业纷纷加码布局新能源汽车,导致参与竞争者的边界变得模糊。可以预见,企业联盟、生态圈的合作在未来将成为企业在竞争中获得优势的关键因素。同时汽车维修保养、汽车美容、汽车改装、汽车金融、车险、二手车评估与买卖等汽车后市场的需求扩大,涉及大量的零配件制造业、物流业、服务业,这也将衍生出更为巨大的市场需求和人才需求。

3. 细分品类汽车消费需求趋势

轿车市场:随着汽车保有量的不断提升,轿车市场由高速增长期转入调整期,总体需求减缓,但高端轿车市场竞争力增强。近几年及未来,大多数厂商车型规划以 SUV 为主,轿车市场份额和消费需求下降。但是随着 SUV 市场饱和度的增加,加上轿车产品更新换代,高端轿车市场竞争力与日俱增。在疫情导致消费受限的大环境下,B 级以上的高端轿车成为轿车市场中表现最好的细分级别车型,处于价位段上层的豪华品牌所遭受的冲击最小。

SUV 市场:SUV 能很好地满足用户周末出行和假期出行需求,未来仍有巨大机会,但是消费者的需求差异日益突显。以首次购买为主的三线及三线以下城市消费者对外观和价格敏感度高,更青睐于中低端 SUV;而其他新的非传统造型产品比如 SUV Coupe 会受到年轻人的喜爱;再次购买用户的关注点则逐渐从外观造型转移到节能与可持续发展上。

MPV 市场:随着人口政策的调整和消费水平的不断提高,越来越多汽车企业布局 MPV 车型,推出符合家庭需要、智能和安全配置完善、舒适宽敞、外观时尚的家用 MPV 车型。2021 年 MPV 市场中新能源车和节能车的销量表现均超过了预期。在消费升级的刺激下,高端化、节能化、大型化、舒适化、智能化是未来 MPV 车型的发展趋势。

新能源汽车市场:当前,新能源汽车高速增长已呈明显趋势,新能源汽车制造成为中国新兴战略支柱产业,传统车企加速新能源产品的投放,科技巨头先后入局,汽车行业的电动化、节能化趋势已成定局。未来消费者对新能源汽车产品的智能化会存有更高期待,新能源汽车品牌亟待推出差异化产品,强化品牌力,打造品牌认知度。

4. 中国汽车行业产品及技术发展趋势

预计到2035年汽车产业基本实现电动化转型，动力电池成本持续下降。据国家新能源汽车创新工程项目组预计，到2035年，节能汽车与新能源汽车销量约各占50%，汽车产业基本实现电动化转型。纯电动汽车是目前新能源汽车行业的主要发展方向。由于占动力电池成本30%～40%的正极材料价格降低、技术提升和需求扩大，预计动力电池成本和新能源汽车的成本将进一步下降。

智能座舱逐渐普及，人机交互个性化、情感化。智能座舱和智能驾驶在汽车智能化、网联化时代将是智能汽车的两大竞争领域。随着互联网和5G技术的快速发展，智能化的座舱逐渐被应用于量产汽车，在新能源汽车当中尤为广泛。以全液晶仪表、抬头显示（HUD）、车载娱乐系统、后座娱乐为代表的座舱电子系统带来更加智能化和安全化的交互体验，以及更加简洁、高效、安全的交互方式。麦克风、触摸屏、摄像头等传感器融合人工智能识别、语音识别、大数据和机器学习，实现多场景呈现和个性化、情感化的交互能力。

5G技术关键能力的大幅提升，推进车联网和自动驾驶技术快速发展。5G技术足以满足车载联网设备对于通信能力的要求，同时满足高级别辅助驾驶和完全自动驾驶对于延迟时间的苛刻要求。5G技术的三大应用场景eMBB（增强移动宽带）、mMTC（海量大连接）、URLLC（低时延时可靠）对车辆的自动驾驶和车路协同有着极大的推动作用。5G移动网络、车联网、交通基础设施、传感器等技术的发展推动了自动驾驶技术更好发展。

软件定义汽车。软件定义汽车有望改变百年来机械和电气构架定义汽车的传统模式，使软件在汽车产业中扮演越来越重要的角色。未来，赋予汽车产品更大价值的元素将从动力总成、底盘、变速器和电子电气设备转变为车载硬件、软件、自动驾驶芯片等，汽车需要性能更加强大的传感器、车联网硬件设备、芯片和计算能力。因此，汽车产业有望通过软件功能颠覆传统的价值链，其差异化也决定了企业的竞争力。同时，解决方案提供商的商业模式也有望通过空中下载技术（OTA）升级发生转变。在传统汽车价值链中，购车后便基本结束了车企与消费者的联系；而在新型价值链体系当中，购车意味着消费者与车企的纽带变得更为紧密，通过OTA升级所带来的价值将持续提升车主的驾驶体验。

第二章 中国汽车品牌发展现状

第一节　中国乘用车市场汽车品牌图谱

中国乘用车市场汽车品牌数量繁多,大体可分为三大阵营:豪华品牌、非豪华合资品牌、非豪华民族品牌。

1. 豪华品牌

豪华车是英文 Luxury Cars 或 Limousine 的直译,通常指 D 级车。D 级车轴距一般在 3000mm 以上;发动机排量大于 3.0L。豪华品牌要满足三个标准,一是有悠久的历史,二是有足够多影响汽车工业的发明和创新,三是有足够高端的用户群体为其销量和口碑做支撑。

根据中汽中心相关数据,2021 年中国乘用车市场销量前 10 的豪华品牌为:宝马、奔驰、奥迪、特斯拉、红旗、凯迪拉克、雷克萨斯、沃尔沃、保时捷、捷豹路虎,如表 2-1 所示。其中,宝马、奔驰、奥迪属于第一梯队,销售量占比较高,且多年稳居前三位。其余品牌属于第二梯队,位次变化比较大,特斯拉作为新能源汽车的代表近年增速亮眼,红旗作为中国民族品牌中豪华车的代表,也有上佳的表现。

2021 年国内豪华品牌汽车销量 top10　　表 2-1

排名	品牌	销量(量)	同比(%)
1	宝马	821226	8.3
2	奔驰	770253	-2.8
3	奥迪	691109	-5.5
4	特斯拉	312163	111.7
5	红旗	271506	42.3
6	凯迪拉克	232772	2.5
7	雷克萨斯	219186	-6.9
8	沃尔沃	171680	0.5
9	保时捷	93496	5.8
10	捷豹路虎	25263	9.0

资料来源:中汽中心。

2. 非豪华合资品牌

合资品牌主要是指国内汽车合资公司通过购买、引进外方产品技术平台,并在此基础上重新开发出知识产权归属于合资公司的品牌。

目前中国乘用车市场非豪华合资品牌主要分属 6 大汽车集团。一汽集团主要有一汽—大众、一汽—马自达、一汽—丰田等合资品牌。上汽集团主要有上汽—大众、斯柯达、雪佛兰、别克等合资品牌。东风集团主要有东风标致、东风本田、东风日产、东风悦达起亚等合资品牌。长安集团主要有长安福特、长安马自达等合资品牌。北汽集团主要有北京现代等合资品牌。广汽集团主要有广汽本田、广汽丰田等合资品牌。

在中国的众多合资品牌中，大众、丰田、本田、日产、通用的市场占有率较高。如图 2-1 所示，2022 年 1—10 月，合资品牌在国内销量排名前十的品牌是大众、丰田、本田、日产、别克、福特、现代、雪佛兰、捷达、马自达。

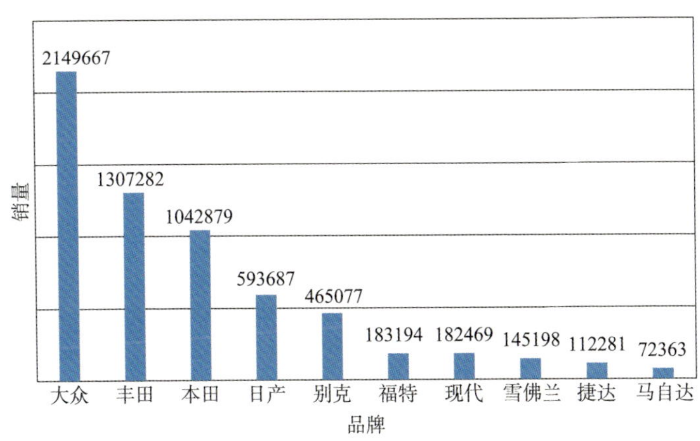

图 2-1 2022 年 1—10 月国内排名前十的合资品牌汽车销量(单位：辆)

资料来源：中汽中心

3. 非豪华民族品牌

民族品牌也叫自主品牌，指拥有自主知识产权的品牌。民族品牌首先应强调自主，产权强调自我拥有、自我控制和自我决策，同时能对品牌所产生的经济利益进行自主支配和决策。

近年来,国内乘用车市场,合资品牌市场占有率不断下降,而民族品牌市场占有率总体呈上升趋势如图 2-2 所示,虽然增幅不大,但合资品牌下滑与民族品牌增长形成了鲜明的对比,不仅反映了中国乘用车民族品牌在逐渐渗透合资品牌的市场,也侧面反映了消费者对民族品牌的接受和认可。在某些技术上,民族品牌确实能够让人眼前一亮,这也为其持续良性发展奠定了坚实的基础。

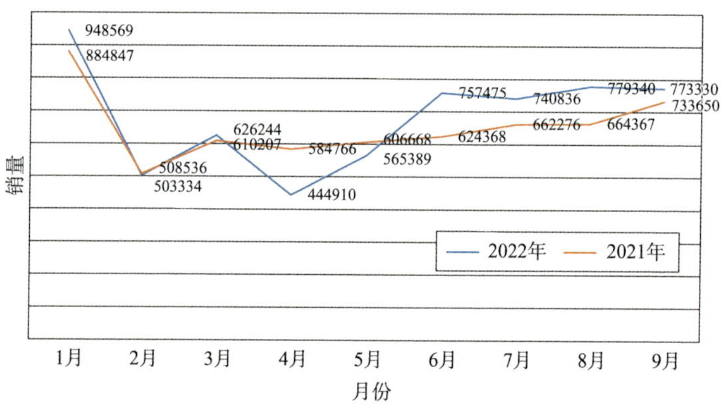

图 2-2　2021—2022 年民族品牌汽车销量走势图(单位:辆)

资料来源:中汽中心

2022 年 1—9 月,民族品牌汽车销量同比增长 15.24%,环比增长 43.86%。民族品牌乘用车市场份额的提升,得益于头部自主品牌车企的积极贡献,如上汽集团、长安汽车集团、吉利汽车集团、长城汽车集团、比亚迪股份、奇瑞汽车集团等。目前中国非豪华自主汽车品牌主要有:比亚迪、五菱、长安、吉利、哈弗、奇瑞、荣威、红旗、广汽埃安、欧尚等,如表 2-2 所示。还有造车新势力蔚来、小鹏、理想等。

2022 年 1—9 月民族品牌汽车销量 top10(单位:辆) 表 2-2

排名	品牌名称	销量(量)	占民族品牌份额(%)
1	比亚迪	1049903	17.10
2	五菱	661688	10.78
3	长安	640235	10.43
4	吉利	582422	9.49
5	哈弗	350733	5.71
6	奇瑞	346606	5.65
7	荣威	192397	3.13
8	红旗	191998	3.13
9	广汽埃安	151839	2.47
10	欧尚	150412	2.45

资料来源:中汽中心。

第二节　中国乘用车市场汽车品牌竞争力分析

2021 年凯达研究院对各汽车品牌竞争力进行了评价,具体如下:

1. 经销商评价

豪华品牌中雷克萨斯、宝马、奔驰、保时捷、宾利和红旗在经销商中有不错的口碑,合资品牌中一汽丰田、广汽丰田和广汽本田同样获得不错的评分,综合评分均高于 8 分。经销商对于民族品牌的口碑相对较低,无民族品牌进入高评价,如吉利、长安、哈弗、领克等品牌获得了中等评价。另外,豪华品牌中英菲尼迪，合资品牌中斯柯达、通用别克、广汽菲克、广汽三菱，民族品牌中广汽传祺、比亚迪、奇瑞等品牌表现较差，综合评分均低于6分。

2. 经销商推荐度和2020年销量增长率

第一类为销量增长快、投资推荐度高的品牌，此类品牌是经销商和市场认可、表现优异的品牌，如红旗、宾利、雷克萨斯、长安、领克、林肯等品牌。第二类为销量增长快、推荐度低的品牌，这样的品牌非常少。第三类为“双低象限”，此类品牌需要提高警惕，仔细衡量其发展前景和发展空间。第四类的品牌较多，为销量增长缓慢，但经销商推荐度比较高的品牌，此类品牌基本上有不同的优势和特点，需要根据特点来选择。

3. 市场占有率

市场占有率能够反映品牌在市场中的地位。一般来说，市场占有率越高，品牌竞争力越强。2020年市场占有率增长的品牌主要包括豪华品牌中的特斯拉、红旗、雷克萨斯、林肯等，合资品牌中的广汽丰田、广汽本田、东风本田、长安福特、一汽丰田、东风日产等，民族品牌中的长安、领克、哈弗等，以及造车新势力蔚来、小鹏、理想等。另外，民族品牌中，市场占有率增加的品牌较多，尤其是造车新势力，而合资品牌中市场占有率减少的品牌数量较多，这也体现了中国民族品牌正在进入快速发展阶段，并逐渐抢占合资品牌的市场空间。

4. 经销商盈利水平

在盈利能力方面，日系品牌表现较好，投资回报率处于领先位置，其次是欧系品牌、美系品牌和韩系品牌，民族品牌投资回报率最低。其中韩系品牌、民族品牌相对较低，韩系品牌主要受新车环节下降影响，民族品牌则是售后环节盈利弱所致。在库存系数方面，日系品牌的库存系数最低，其次是欧系品牌和美系品牌，韩系品牌最高。从细分市场来看，豪华品牌库存系数最低，合资品牌居中，民族品牌最高，但是处于可控范围内。韩系品牌之所以库存系数较高主要还是因为销量原因，目前包括北京现代和东风悦达起亚在国内市场的销量都不容乐观，导致库存量远高于其他系别。豪华品牌之所以库存指数低也是因为销量原因，2020 年豪华品牌（包括奔驰、宝马、奥迪、雷克萨斯、红旗等品牌）在市场上的销量不断创新高。

5. 汽车品牌综合竞争力

根据 2020 年税前利润率、库存系数、终端销量综合得出各品牌的综合竞争力矩阵图，如图 2-3 所示。处于第一象限的品牌，综合竞争力最强，为绿灯区品牌；处于第三象限的品牌，综合竞争力最弱，为红灯区品牌。

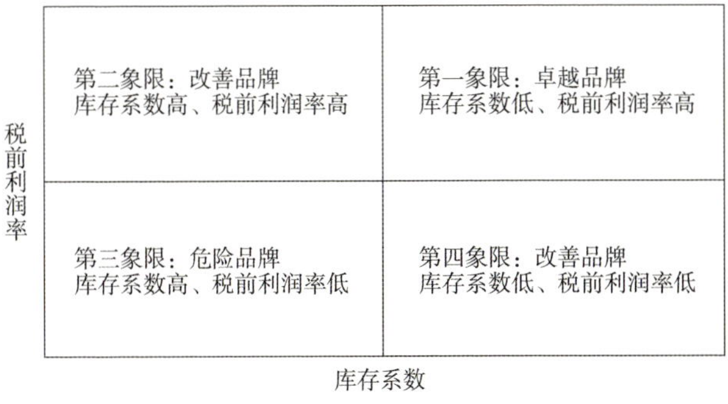

税前利润率		
	第二象限：改善品牌 库存系数高、税前利润率高	第一象限：卓越品牌 库存系数低、税前利润率高
	第三象限：危险品牌 库存系数高、税前利润率低	第四象限：改善品牌 库存系数低、税前利润率低
	库存系数	

图 2-3　综合竞争力矩阵图

资料来源：2021 中国汽车市场年鉴

从汽车品牌竞争力榜单来看，国内乘用车市场，豪华品牌中竞争力较强的品牌是宝马、奔驰和奥迪，第二梯队是凯迪拉克、雷克萨斯和红旗等品牌。合资品牌中南北大众、南北丰田以及广汽本田、东风本田均位居前列。民族品牌中，长安、吉利和哈弗表现较好。

第三节　中国汽车民族品牌发展历程及运营痛点

1. 中国汽车民族品牌发展历程

（1）独立的民族品牌阶段。1956年，第一辆“解放”牌货车在长春中国一汽下线，1958年，一汽生产的第一辆“红旗”轿车装配完成，一汽的建设和生产是在前苏联的帮助下完成的，从此中国汽车人迈出了建设自己汽车品牌的第一步。随后，在一汽经验和人才的基础上，我国建成了二汽，生产出“东风”牌越野汽车。这时的中国汽车，研发和生产主要是从满足国家政治、经济建设需要和提高民族自尊心的角度，不断改进汽车品牌的质量。

（2）合资品牌为主阶段。20世纪80年代，中国汽车工业开始进入合资合作阶段，通用、大众、丰田等国外汽车品牌纷纷来到我国寻求合作。特别是20世纪90年代之后，全球大的汽车公司几乎都在中国设立合资企业，就品牌而言，合资企业主要生产合资品牌汽车，中国民族品牌汽车的发展一定程度上受到抑制。2001年以前，捷达、富康和桑塔纳占据中国汽车市场的半壁江山，截至2003年，中国生产的202万辆轿车中90%是合资企业生产的。

(3)民族品牌开始发展阶段。2001 年,中国加入世界贸易组织,汽车制造业面临更为广泛的国际合作与竞争,国家由此提出了民族品牌发展战略。中国真正意义上的民族品牌发展是以长城、奇瑞、吉利汽车等品牌的成长为标志的。虽然中国汽车的民族品牌起步较晚,底子也比较薄,但发展速度很快。奇瑞、吉利的成功,带动了国内其他民族品牌汽车的发展。国内大型汽车集团也都加快了打造民族品牌的步伐,特别是一汽、上汽和东风三大汽车集团。

(4)民族品牌强势崛起阶段。近年来,随着消费者年轻化,民族品牌抓住了新能源汽车发展契机,率先推出众多设计感强、智能化程度高、性价比高的新能源汽车产品,深得消费者青睐。其中,比亚迪、长城、广汽乘用车、上汽通用五菱等传统自主车企和蔚来、理想、小鹏等国内造车新势力发挥灵活的市场洞察优势和新发展思路,取得了不错的终端零售增长。红旗、领克、岚图等企业高端化战略布局也取得了良好成绩,在品牌向上、产品向上方面迎合市场消费升级趋势,开发推出中高端车型并受到越来越多消费者认可。

2. 中国汽车民族品牌运营痛点

在民族品牌市场终端零售持续快速增长的同时,也应该看到,中国汽车民族品牌发展还存在一些关键问题有待解决。

(1)自主创新能力不强。一直以来,自主创新能力薄弱是中国民族品牌汽车发展的最大痛点,主要表现在关键技术和继承性技术掌控力薄弱,对外资或合资品牌依赖严重等。目前,中国民族品牌汽车技术创新链存在明显的薄弱环节,尤其是在科技成果转化的过程中,中国民族品牌汽车面临着工程化能力缺失的困境,普遍存在政、产、学、研、用创新链条运行不畅等问题,高校、科研院所科技成果转化率、专利转化率远低于发达国家。可见在核心技术方面中国民族品牌汽车发展仍存在较大差距,创新投入仍显不足。

(2)传统品牌出现老化。改革开放后,中国汽车工业发展迅猛,出现一些汽车品牌,如解放、东风等,无论在国内还是在国际市场上都有一定知名度。但几十年来,这些品牌发展步伐较慢,无论是研发技术还是车型设计均落后于世界同等水平,品牌老化问题渐渐成为制约这些汽车品牌发展的瓶颈,需要进行品牌激活、品牌延伸,使之焕发新的生机和活力。红旗轿车近年来的品牌年轻化举措成效显著,很值得学习。

(3)整体品牌形象不高。在早年技术力量薄弱、品牌辨识度低的背景下,国内自主车企均采取相似的品牌发展战略:占据低端市场,以低价换销量。这一战略在短期内使自主车企获得了相当大的经济收益,为其之后的发展打下了基础,但缺点在于较早地在国人心目中树立了“低价、低档、低质”的品牌形象,这对其后续品牌形象的转型升级、品牌竞争力的提升有一定的抑制效应。尽管领克等品牌纷纷进军中高端汽车领域,但想要在这一领域中占据稳固地位还有很长的路要走。

(4)品牌文化有待挖掘。品牌文化是品牌在经营中形成的文化积淀,代表了企业和消费者的利益认知、情感归属,是品牌与传统文化以及企业个性形象的总和。欧美日等发达国家对汽车品牌文化的建设非常重视,如德国车严谨朴实、美国车自由奔放、法国车浪漫温馨、英国车高贵典雅、日本车精明细致等，都在消费者心目中形成了鲜明的差异化形象。而中国汽车民族品牌发展历史较为短暂，尚未形成独树一帜的汽车文化，这就需要企业深入挖掘品牌理念、价值观和企业使命，并与民族文化、社会发展、消费者期待相结合，赋予品牌深刻而丰富的文化内涵，形成消费者对品牌精神上的高度认同。

中国汽车行业特性分析

本篇重点从两个方面讨论了汽车行业的基本特征。

第一部分从市场结构的角度讨论了汽车行业的行业特质,包括市场集中度、产品差异化、市场进入壁垒与退出壁垒以及产品集聚性等。本部分首先通过相对市场集中度和绝对市场集中度两个指标分析了中国汽车行业属于寡占Ⅲ型,市场结构较为分散。其次,从汽车产品物理特性、消费者的主观差异等方面讨论中国汽车行业的产品差异化程度较高。再次,从市场进入壁垒和市场退出壁垒两个方面分析了中国汽车行业壁垒的变化。最后,通过分析六大汽车产业集聚区的市场情况,分析了中国汽车产业的产业集聚状况。

第二部分从文化的角度讨论了汽车行业的品牌文化,包括汽车的生产文化、运营文化、运动文化以及时尚文化。汽车的消费和使用已经深入人类生活的各个方面。各个汽车品牌不仅遵循着特有的技术设计,还充分展示着品牌背后的文化含义。本书从汽车文化的视角入手分析汽车在生产、运营、消费等维度所体现的文化价值。汽车生产文化回顾了汽车生产史中的重大突破,推动了汽车产业的快速发展,各国的生产厂商都以自己独特的文化打上了品牌的烙印。汽车运营文化回顾了汽车销售模式的演进,从会展营销到汽车文化博览园,汽车更深入地融入了人们的日常生活。汽车运动文化重点介绍了人类在赛车竞技中展现的体育精神。汽车时尚文化重点强调了汽车和电影这两种伟大发明之间的联结是如何丰富人们的文化生活的,还有汽车对拓展商业活动的创新应用。

第三章
汽车行业特质分析

第一节　汽车行业市场集中度分析

市场集中度，顾名思义即市场中主要品牌的集中程度，一般指在一定区域，行业内排名前几位的品牌其销量累计占总量的比例。产业集中度是产业组织理论考察市场结构的首要因素。衡量产业集中度的常用指标包括行业集中率（CRn）、洛仑兹曲线、赫芬达尔—赫希曼指数等。

1. 绝对市场集中度

这里选取了贝恩的市场结构 CRn 分类作为分析指标，如表 3-1 所示。

贝恩市场结构分析　　表 3-1

市场结构	CR4 值（%）	CR8 值（%）
寡占Ⅰ	85≤CR4	—
寡占Ⅱ	75≤CR4＜85	85≤CR8
寡占Ⅲ	50≤CR4＜75	75≤CR8＜85

续上表

市场结构	CR4 值(%)	CR8 值(%)
寡占Ⅳ	35≤CR4<50	45≤CR8<75
寡占Ⅴ	30≤CR4<35	40≤CR8<45
竞争型	CR4<30	CR8<40

CR4 是指行业内前四名企业市场占有率之和;CR8 指行业内前八名企业的市场占有率之和。贝恩依据企业市场占有率指标将市场结构划分为寡占Ⅰ、寡占Ⅱ、寡占Ⅲ、寡占Ⅳ、寡占Ⅴ和竞争型六种类型。这种分类法涵盖了行业结构的一般性分析研究,这里依此对中国汽车产业市场结构进行分析。

通过中国汽车产业相关数据分析,尤其是汽车生产企业销量排名,我们可以对近年来中国汽车产业的市场结构做进一步的分析。表 3-2 ~ 表 3-5 为 2018—2021 上半年前十家汽车生产企业销量排名,其中市场份额为企业销量年度占比,市场集中度为市场份额累加值。

2018 年前十家汽车生产企业销量排名　　表 3-2

排名	1	2	3	4	5
企业名称	上汽	吉利	长安	东风	北汽
销量(万辆)	294.6	152.31	149.97	121.22	107.93
市场份额(%)	10.49	5.42	5.34	4.32	3.84
市场集中度 CRn(%)	10.49	15.92	21.26	25.57	29.42

续上表

排名	6	7	8	9	10
企业名称	长城	奇瑞	一汽	广汽	比亚迪
销量(万辆)	105.30	66.93	54.38	53.82	50.20
市场份额(%)	3.75	2.38	1.94	1.92	1.79
市场集中度 CRn(%)	33.17	35.55	37.49	39.40	41.19

2019 年前十家汽车生产企业销量排名　　表 3-3

排名	1	2	3	4	5
企业名称	上汽	一汽	东风	北汽	广汽
销量(万辆)	617.3	345.9	360.9	215	206.2
市场份额(%)	23.96	13.42	14.01	8.34	8.00
市场集中度 CRn(%)	23.96	37.38	51.38	59.73	67.73
排名	6	7	8	9	10
企业名称	长安	吉利	长城	华晨	奇瑞
销量(万辆)	175.8	136.4	106	80.1	74.4
市场份额(%)	6.82	5.29	4.11	3.11	2.89
市场集中度 CRn(%)	74.55	79.84	83.96	87.07	89.95

2020 年前十家汽车生产企业销量排名　表 3-4

排名	1	2	3	4	5
企业名称	上汽	一汽	东风	广汽	长安
销量(万辆)	553.4	370.6	345.8	204.3	200.4
市场份额(%)	21.87	14.65	13.67	8.08	7.92
市场集中度 CRn(%)	21.87	36.52	50.19	58.27	66.19
排名	6	7	8	9	10
企业名称	北汽	吉利	长城	华晨	奇瑞
销量(万辆)	190.4	132.1	111.2	83.3	72.9
市场份额(%)	7.53	5.22	4.40	3.29	2.88
市场集中度 CRn(%)	73.72	78.94	83.34	86.63	89.51

2021 年上半年前十家汽车生产企业销量排名　表 3-5

排名	1	2	3	4	5
企业名称	上汽	长安	东风	吉利	长城
销量(万辆)	111.4	96.6	67	63	61.8
市场份额(%)	11.20	9.72	6.74	6.34	6.22
市场集中度 CRn(%)	11.20	20.92	27.66	33.99	40.21
排名	6	7	8	9	10
企业名称	一汽	北汽	奇瑞	重汽	比亚迪

续上表

排名	6	7	8	9	10
销量(万辆)	53.5	45.8	39.7	25.4	24.9
市场份额(%)	5.38	4.61	3.99	2.55	2.50
市场集中度 CRn(%)	45.59	50.20	54.19	56.74	59.25

分析上述图表可知,2018—2021上半年我国汽车生产企业销量排名发生了一些小变化,北汽集团的排名有所下滑,广汽集团的排名有所上升。2020年后,受疫情和芯片影响,市场总量及市场份额有所变化,总体上,市场份额及市场集中度CRn变化甚微。由表3-6,可以清楚地看出这一结论。

汽车产业市场集中度变化　　表3-6

年份(年)	2018	2019	2020	2021(上半年)
市场集中度CR4(%)	25.57	59.73	58.27	33.99
市场集中度CR8(%)	37.49	83.96	83.34	54.19

如表3-6所示,中国汽车产业组织结构根据依贝恩分类法则进行分类,属于寡占Ⅲ型,市场结构较为分散。

一般而言,高市场集中度意味着行业已进入成熟期并处于寡头垄断阶段,业内市场机会已经很少;中市场集中度意味着行业在发展变化,业内竞争激烈,品牌处于从分散到集中的过程中,行业正处于垄断竞争阶段,此时对强势品牌是一次机会,对普通品牌而言,则可能是威胁;在低市场集中度行业中,大中小各类企业面临的机会相对较多,但环境比较错综复杂，难以下竞争是否激烈、行业是否成熟等看似简单的判断，企业必须仔细分析低市场集中度行业环境，深入分析造成各品牌市场份额低下的原因，结合自身优势，才可能从中找到真正的市场机会。

2. 相对市场集中度

赫芬达尔—赫希曼指数(Herfindahl-Hirschman Index，简称 HHI)，简称赫芬达尔指数，该指数是反映市场集中度的综合指标。其公式为：

$$HHI = \sum_{i=1}^{n}(X_i/X)^2 = \sum_{i=1}^{n}S_i^2$$

式中，X 代表市场总规模；X_i 代表 i 企业的规模；$S_i = X_i/X$ 表示第 i 个企业的市场占有率；n 为该产业内的企业数。

当市场由一家企业独占，即 $X_1 = X$ 时，HHI = 1。当所有的企业规模相同，当 $X_1 = X_2 = X_3 = \cdots = Xn = X/n$ 时，HHI = $1/n$。产业内企业的规模越是接近，且企业数越多，HHI 就越接近于零。而且，HHI 对规模较大的前几家企业(通常称为上位企业)的市场份额比重的变化反应特别敏感。HHI 越大，表示市场集中程度越高，垄断程度越高。HHI 具有数学上绝对法和相对法的优点使它成为较理想的市场集中度计量指标，它可以衡量企业的市场份额对市场集中度产生的影响，成为政府审查企业并购的一个重要行政性标准。因此，HHI 在市场集中度的研究中，作为一个能综合反映产业内企业规模分布而被广泛应用。而以 HHI 为基准的市场类型划分，如表 3-7 所示。

HHI 为基准的市场类型划分　　表 3-7

HHI	>0.30	0.18～0.30	0.14～0.18	0.10～0.14	0.05～0.10	<0.05
市场结构	高寡占Ⅰ型	高寡占Ⅱ型	低寡占Ⅰ型	低寡占Ⅱ型	竞争Ⅰ型	竞争Ⅱ型
类型	寡占型	寡占型	寡占型	寡占型	竞争型	竞争型

根据2019年及2020年中国汽车产业的市场集中度情况,可以看到HHI有下降的趋势,如表3-8所示。相对市场集中度在下降,意味着因为外部环境的变化,上位企业的市场份额有被分散的可能性,未来市场竞争的强度在加大。

中国汽车产业 HHI　　表 3-8

年份(年)	2018	2019	2020	2021
HHI(4)	0.06	0.35	0.33	0.11
HHI(8)	0.14	0.7	0.69	0.29

第二节　汽车行业产品差别化分析

产品差异是指同一产业内不同企业生产的同类商品,由于在质量、款式、性能、销售服务、信息提供和消费者偏好等方面存在着差异,从而导致产品之间存在替代不完全的状况。企业在提供产品上,造成足以引起购买者偏好的特殊性,使买者将它与其他企业提供的同类产品相区别,以达到在市场竞争中占据有利地位的目的。简单地说,产品差别化是消费者认为产品之间存在差异。

随着中国汽车产业的发展,新的汽车技术不断出现,汽车产品之间的差异程度也逐渐加大。尤其是近年来,众多新兴品牌的加入对行业的经营理念产生了非常大的影响,企业越来越注重满足消费者个性需求,众多新的营销手段的使用也促使行业中产品差异化程度加大。

首先,从汽车产品物理特性看,目前乘用车市场的车型非常丰富,行业内产品差异化程度很高。除了普通的轿车外,还包括 SUV、MPV 以及微型客车等。普通的轿车也可以根据轴距、排量、质量等参数划分为不同的轿车,字母顺序越靠后,该级别车的轴距越长、排量和质量越大,轿车的豪华程度也不断提高。其中 A 级(包括 A0、A00)车是指小型轿车;B 级车是中档轿车;C 级车是高档轿车;而 D 级车指的则是豪华轿车。即使在同一车系下,汽车厂家也会根据发动机、排量等不同配置分为不同车型。

其次,从消费者的主观差异看,消费者购买汽车的原因及关注因素不同,消费者对汽车品牌的差异性感知较强,整个汽车行业整体表现为产品差异化程度较高。不同的消费者在购买过程中关注因素差异大,表现为对安全、实用、经济、环保、品牌和外观等偏好的不同。汽车厂家为满足不同目标消费群体的需求,其产品设计、生产服务等也会相应作出调整。民族品牌中的哈弗系列、长安系列、吉利系列、比亚迪系列等车型也得到了越来越多的消费者的青睐。在中汽信科的调查中发现,产品指标中的造型、空间等外显因素在下降,安全和舒适性的因素在上升;而非产品指标中的品牌因素,已经超过了价格因素,成为仅次于安全和舒适的第三大因素。并且品牌的购买倾向，也由原来的青睐合资品牌向民族品牌转变，尤其是对造车新势力和新能源品牌的好感度在大幅上升。

第三节　汽车行业市场壁垒分析

进入壁垒、退出壁垒是现代产业组织理论的重要内容之一，这一理论研究和运用已有很大发展。

1.进入壁垒分析

进入壁垒指的是新企业进入某一行业所遇到的致使成本增加的不利因素，具体如下：

(1)规模经济壁垒。新企业在某一产业未能取得一定市场份额之前，由于不能充分享受规模经济的经济性，相对于产业内成熟企业其生产成本必然较高，这就是规模经济壁垒。测算规模经济壁垒的一个重要方法就是计算最低经济规模与市场总规模的比重，简称规模障碍系数。具体公式为：

$$d = \mathrm{MES}/\mathrm{S}$$

式中，d 为规模障碍系数；MES 为最低经济规模；S 为市场总规模。

国际经验表明，载货汽车 MES 为年产 15 万辆，轿车 MES 为 50 万辆。若 d 大于 10%，进入障碍较高；d 小于 5%，进入障碍较低。

如表 3-9 所示数值，可以看出乘用车市场在中国属于较低规模经济壁垒的行业。从表格的数据来看，从 2018 年起，中国乘用车市场的销量持续下滑，尤其是2019年开始的新冠疫情对汽车产业的销售也产生一定的影响，总体上 d 值呈现了变高的趋势。但作为全球汽车发展最具潜力的市场，中国汽车的市场规模随着中国经济的快速发展、人均收入的提高将不断扩大，因此动态来看，我国乘用车规模经济壁垒会是一个不断降低的趋势。

2016—2021年中国乘用车产业规模比重系数　表3-9

年份(年)	2016	2017	2018	2019	2020	2021
d 值	0.020511	0.02021	0.022371	0.024157	0.025923	0.023356

资料来源：根据中国汽车工业年鉴历年数据整理计算。

(2)必要资本量壁垒。汽车行业是一个高资本密集度的行业，其中利益相关者是考察对决策有影响的个人和团体，需要投入较大的资金才能正常运行。汽车生产前期购买生产用地、建设厂房、购买生产线、模具、打通原材料与销售环节等活动，都需要大量的启动资金。从而表现出汽车产业在我国的必要资本量壁垒较高。

(3)客户资源壁垒。我国汽车制造行业的行业集中度较高，作为汽车制造的上游行业，能否与主要汽车制造企业开展广泛合作是零部件物流企业生存发展的关键。汽车整车制造厂商不仅要求物流企业能够满足其JIT(准时生产)模式的需求，实现零部件小批量、高频率的准时、安全和准确运输，还需要物流服务商具备提供流通加工、零部件包装、质检和仓储以及信息管理服务的能力。因此，大型汽车制造企业在遴选物流供应商时，对运输和库存管理能力、物流方案设计能力、信息化应用水平、供应商协调能力、突发事件处理能力和品牌知名度等有严格的要求。在选定供应商后，还将通过严格管理考核机制和激励措施，帮助物流服务商提高物流服务质量以更好地配合其采购、生产过程。汽车制造商一旦选择合适的物流供应商，不会轻易更换，新进入企业难以在短时间内积累产业经验、品牌知名度，汽车零部件物流行业对新进入者存在较大的客户资源壁垒。

(4)技术壁垒。中国汽车产业是在跨国汽车巨头陆续进入中国的过程中发展起来的。20 世纪 90 年代中后期，中国开放汽车市场，以“市场换技术”吸引大型跨国制造商以合资的方式在中国投资设厂。中国汽车产业的发展就是从技术引进开始的，通过引进—消化—模仿的方式，中国汽车的技术得到了快速的发展。但是，总体上中国汽车的自主创新能力整体水平偏低。虽然近年来，中国的民族品牌得到了有力的发展，但汽车产业的自主研发能力仍然不是很高。本土汽车制造商没有基础研发和核心部件开发的实力，它们通过与外国公司合资进行核心技术开发，并依托独立设计公司进行产品开发。因为缺乏核心竞争力，产品多面向中低端市场。同时，自动驾驶、无人驾驶仍是未来汽车技术研发的重点方向，尤其是在共享商业模式的汽车领域。这也提升了汽车产业的技术壁垒。

2. 退出壁垒

退出壁垒指的是企业停止目前的生产，退出某一行业时所面临的各种障碍。中国汽车市场存在较高的退出壁垒，这与汽车产业的产业性质紧密相关。总体上，中国汽车工业的退出障碍较高。汽车产业资产专用的程度非常高，退出行业面临信息隔阂、资产处理、高成本等,即沉没成本较高。其次,由于汽车产业是一个庞大的行业,其产业关联性非常大,对当地的就业支持、税收增加、经济发展等影响很大,具有很高的关联程度,因此,政府对效益不好的汽车企业进行扶持,也导致行业退出壁垒较高。

第四节　汽车行业产业集聚性分析

汽车制造业是典型的集聚性行业,且存在非常强的集群正效应,纵观国际汽车制造大国的发展,都离不开产业的空间集聚与规模化生产,进而形成各自的汽车产业集聚区,如美国的底特律,日本的丰田市,德国的沃尔夫斯堡和斯图加特等。因此,产业集聚也是世界汽车工业发展的基本规律。在不考虑集聚经济的条件下,市场规模和地方保护对新建企业的区位选择影响非常显著,中国汽车制造业虽有进一步向东部沿海、北部沿海以及长江中游集中的趋势,但这些地区间的实力正逐渐趋于平衡,汽车产业的集聚态势不断减弱,空间分散程度日益增强。

目前,中国汽车产业的 6 大汽车整车集团总部所在地成为汽车产业核心城市,并形成以此为中心的 6 个汽车产业集聚区,即以长春(吉林)为中心的东北汽车产业集聚区、以北京为中心的京津冀汽车产业集聚区、以武汉(湖北)为中心的中三角汽车产业集聚区、以上海为中心的长三角汽车产业集聚区、以广州(广东)为中心的珠三角汽车产业集聚区、以重庆为中心的西部汽车产业集聚区。

2019 年,6 大汽车产业集聚区的汽车生产企业有 12886

家,占全国汽车企业的78.92%;从业人数4352887人,占全国汽车产业从业人数的79.00%;主营业务收入68275.5亿元,占全国汽车产业营业收入的84.45%;利润总额4730.28亿元,占全国汽车产业利润总额的88.5%;整车产量1977.87万辆,占全国汽车产量的75.66%;全国研发投入比1.53%,6大集聚区核心城市研发水平均超过全国平均水平,具体指标数据情况如表3-10所示。

中国汽车主要产业集聚地经济指标　　表3-10

集聚区	省市	企业数量(家)	从业人员数量(人)	主营业务收入(万元)	利润总额(万元)	整车产量(万辆)	研发投入比(%)
京津冀	北京	226	126000	45180000	3602900	120.05	1.96
	天津	290	105200	14720216	842200	80.06	1.5
	河北	510	164000	20425216	776445	146.46	1.39
	合计	1026	395200	80325432	5221545	246.57	
东北	吉林	135	427000	68363316	6928145	130.65	1.87
	辽宁	358	133000	33444000	3411000	98.49	1.37
	黑龙江	33	60000	3765000	24800	5.16	0.67
	合计	826	620000	105571316	10363945	234.3	
中三角	湖北	1490	330000	69048000	6807640	220.79	1.77
	江西	468	91523	13388216	284000	38.44	1.09
	安徽	838	502600	58890516	824195	81.02	2.28
	合计	2796	924123	141326732	7915835	340.25	

续上表

集聚区	省市	企业数量（家）	从业人员数量（人）	主营业务收入（万元）	利润总额（万元）	整车产量（万辆）	研发投入比（%）
长三角	上海	600	494000	79234000	7949600	135.05	2.07
	江苏	2337	428000	71580435	4641445	153.34	1.93
	浙江	2406	465800	51997900	4556900	129.81	2.57
	合计	5343	1387800	202812335	17147945	416.9	
珠三角	广东	1032	410900	84047800	5570000	288.08	1.87
	广西	357	115000	16720212	395045	91.97	1.73
	合计	1389	525900	100768012	5965045	380.05	
西部	重庆	1035	315504	28843216	173000	175.2	2.01
	四川	471	184360	23107952	515500	84.6	1.18
	合计	1506	499864	51951168	688500	259.8	
六大区域合计		12886	4352887	682754995	47302815	1977.87	
全国		16327	5510000	808467000	63451900	2614.16	1.53
六大区域占全国比例		78.9%	79.0%	84.5%	88.5%	75.7%	

东北汽车产业集聚区包含吉林省、辽宁省、黑龙江省，以吉林省长春市为核心，整车产业主要分布在吉林省，零部件产业主要分布在吉林省、辽宁省。汽车产业在东北已形成明显的集聚，集聚度排名第一。东北汽车产业集聚区由于一体化国有企业——一汽集团以分离生产和汽车服务行业而“放

权”带动了周围地区相关产业的发展，产生了许多特大型汽车企业，但还存在国有体制改革不完全、产业链上游的矿产资源市场开采利用程度不够、对外开放程度不够等问题。

京津冀汽车产业集聚区包含北京市、天津市、河北省，以北京市为核心，整车产业主要分布在北京市，零部件产业主要分布在北京市、天津市。京津冀汽车产业集聚区是国家首都所在区域，其经济发达、市场空间广阔，科研中心和高等院校众多带来了科技和人才优势，河北省钢铁工业发达带来了零部件产业优势，但还存在北京市政治中心和天津市北方金融中心的城市功能定位与汽车产业发展特点相违背的不利因素，汽车产品市场定位致使盈利能力欠缺。

中三角汽车产业集聚区包含湖北省、江西省、安徽省，以湖北省武汉市为核心，整车产业主要分布在湖北省，零部件产业主要分布在湖北省、安徽省。中三角汽车产业集聚区工业基础雄厚，零部件供应较为便捷，但还存在经济发展较为落后、人才资源相对匮乏、集群效应不佳等问题。

西部汽车产业集聚区包含重庆市、四川省，以重庆市为中心，整车和零部件产业主要分布在重庆市。西部汽车产业集聚区由于地形原因，摩托车产业发达为汽车产业发展带来新活力，汽车产业民间融资较多，西部大开发战略规划拉动了当地制造业和汽车产业的发展，但还存在地理条件复杂，交通不便，西南地区经济发展落后，开发程度不高，零部件供应能力较差等问题。

长三角汽车产业集聚区包含上海市、浙江省、江苏省，以上海市为核心，整车产业主要分布在上海市，零部件产业主要分布在上海市、浙江省、江苏省，是中国经济发展水平较高、经济实力较强的一个地区。受东部崛起战略规划的影响,长三角汽车产业集聚区汽车产业配套体系比较完备,其经济基础雄厚,制造业水平整体较高,地理位置极佳,水运条件好,出口条件极为便利,对外开放程度颇高,产业结构完整,汽车产业链上下游相关产业发展良好,科研和技术水平领先,物流费用、运输成本低,但还存在土地资源贫乏,发展空间有限,上海市、金融中心的定位与高环保标准不匹配,制造业污染成本高。

珠三角汽车产业集聚区包含广东省、广西壮族自治区,以广东省广州市为核心,整车和零部件产业主要分布在广东省。珠三角汽车产业集聚区是与日本合资企业的大本营,汽车产业在珠三角形成的集聚较弱,集聚度排名第六。珠三角汽车产业集聚区海运、水运廉价而发达,物流运输成本较低,合资企业较多,对外开放程度较高,但还存在地形限制,发展空间有限,汽车上游相关产业发展相对落后等问题。

第四章
汽车文化

汽车从诞生之初到今天已然成为人们生产生活中最为重要的组成部分。汽车不仅提高了人们的生活质量，还改变了人们的生活方式和消费理念。随着汽车产业的不断发展，不同产地、不同品牌的汽车慢慢形成了独具特色的表现形式和文化内涵。人类正在逐步进入汽车社会，随着新能源时代的到来，汽车的发展方向也变得更加宽广。汽车不仅自身在不断进化，更是在改变世界。汽车变得更快、更安全、更可靠、更舒适，为人们的工作和生活打开了新世界的大门，扩大了人类的活动范围。汽车文化从广义上讲，是反映汽车影响人们的生活，改变人们的时空观念，并成为一种时代文明象征的大文化。从狭义上讲，汽车文化是指汽车在设计、生产、流通和使用过程中所创造的物质财富和精神财富的总和。具体体现在汽车商标、汽车历史、汽车广告等。一般认为汽车文化是伴随汽车生产而出现的生活形态、思维方式、情感需要及折射的审美观、价值观等的综合表现。

第一节　汽车生产文化

1.汽车厂商文化

企业是有民族性的，任何民族都有自己特定的文化，任何企业都强烈受到本民族文化的影响，形成了特定的企业文化。

美国由亨利·福特和阿尔弗雷德·斯隆创建的大量生产方式和日本由丰田汽车公司创建的精益生产方式（Lean Production）都和本民族的文化特征紧密联系在一起，形成了各自不同的厂商文化形式，这种形式深深影响着日美汽车的兴衰。

企业文化是伴随着企业的诞生而产生的，但把企业文化作为一种管理理论来研究，是从20世纪80年代初开始的。从1981年到1982年，美国许多专家对其进行了系统研究，使其迅速上升到能指导企业实践的理论水平。企业文化是把企业作为一个文化实体来研究的理论，它的实质是以人为中心，以文化引导为根本手段，以激发工人的自觉行为为目的的独特文化现象和管理思想。一般分为物质、制度和精神三个层次。它的构成要素有企业环境、价值观、英雄人物、典礼仪式、技术文化等方面。企业文化管理理论把人看作“文化人”，从民族文化中吸取力量，用文化的力量调动人的积极性和创造性。大量生产方式中的企业文化，人是金钱控制的工具。美国科学管理创始人泰勒提出的科学管理的本质可用四个字概括：赚钱科学。他充分利用赚钱的观念，把人看作经济人，他认为金钱是刺激工人提高工作效率的主要手段,工人是可用金钱控制的活的工具,只要科学地与机器组合,就可无限地提高劳动效率。福特不断简化流水生产线的操作工艺,在生产线上的工人,只要求重复简单的固定动作。到1915年,海兰公园工厂的总装线全部建成,总装工人的数量超过7000名,这些工人生产出了当时复杂的T型车,这种车的产量大得惊人,其精密度极高。大量生产方式的生产组织是福特充分运用分工的思想,采用标准化生产法建立的。它的特征是流水生产线,是连续性高于一切的生产体制,这种生产体制是美国产业革命的精髓。后期的管理者斯隆,强调运用调查研究取得事实数据对企业经营进行决策。福特和斯隆的大量生产方式内含着许多美国文化和科学思想。美国文化重视个体、忽视团体、追求个人成就和不愿受制于人的文化价值观,都充分体现在福特的生产管理和斯隆的组织管理体制中。

日本受中国“天人合一”的儒家文化思想影响,重视人与人、人与机器的优化组合潜力,彻底改变了造车观念,形成了一套独特的生产方式。日本人根据自己国家文化,吸收美国企业科学管理的成功经验,独创了一套精益生产方式。在日本汽车工业中,以丰田汽车公司为核心创造的精益生产方式内含丰富的企业文化管理思想。20世纪50年代初,日本丰田汽车工业公司的工程师丰田英二到美国福特汽车公司进行三个月的参观学习,在参观福特的鲁奇工厂时,他发现这座巨大的工厂各个地方都显示一个“大”字。他认为这种生产体制有值得改进的地方。回日本后,丰田英二与大野耐一认为大量生产方式不适合日本汽车工业实际,他们针对这种生产方式进行“减肥”。基本思想是杜绝浪费,追求制造汽车的合理性。丰田不仅从思想上重视减少浪费,而且整个公司的全体员工都从行动上降低浪费,公司的管理人员也把发现和寻找浪费作为公司少投入多产出的一项基础工程来建设,为了达到减少浪费的目的,丰田公司对浪费现象细化,把它具体在每一项实际工作中,启发每一位公司雇员从自己工作中发现和减少浪费。通过长期的总结,丰田从生产中总结出了七种浪费现象,过量生产、库存、等待、搬运、无效动作、加工过程不合理、生产次品。每一项浪费都是思维方式上的革命,是在过去认为合理的生产浪费上寻找浪费的根源。传统的观念认为,超额完成生产任务是一件好事,但丰田认为这是一种极大的浪费,不按用户和下道工序的需要过量生产,不仅造成产品积压,生产周期加长,仓库、生产面积扩大,资金占有率增加,而且还由于过多的产品储备造成工人凡事不紧张,养成懒散的工作作风。丰田就是这样不断深入分析可能造成浪费的真正原因,追求生产过程的严格合理化。从一定程度上讲,精益生产方式可以说是一种减少生产浪费、不断降低成本的技术方法。精益生产方式贯彻杜绝浪费思想的两大支柱:准时化生产和自动化生产。准时化生产是在汽车流水生产线上把所需要的零件在所需要的时间,按需要的数量送到生产线旁。准时化生产的思想是丰田喜一郎提出的,大野耐一把这一思想与杜绝浪费的思想巧妙结合起来,经过反复实践,建立了反传统的逆向思维生产方法。大量生产方式的思维方式是前一道工序向后一道工序供应工件,在汽车的生产线上,材料经过加工成为零件,然后将零件组成一个部件,部件朝最后的总装线移动,随着前一道工序向后一道工序推进,汽车就造好了。大野耐一把这一过程倒过来思考:后一道工序在需要的时刻去前一道工序领取正好需要的那部分工件,各工序之间就靠“某种东西需要多少”的信息来衔接。为了准确传递这一信息,丰田不断完善自己传递信息的方法,最初是传票卡,后来发展到运送车、各色小球、指示灯,指示盘等,形成了完善的看板管理方式。人是机器的主人,机器服从于人的意志。机器体现人体的功能越多,人体的解放程度越高,人的价值体现也就越丰富。丰田自动化是鼓励工人发挥创造性,体现人生价值的优秀管理思想。丰田质量控制的思想建立在保证系统整体优化的基础上,使系统每一个因素尽可能得到优化。随着机器不断高效和快速的运转,控制产品质量完全靠人已较难实现,丰田就依靠科技进步,优化设备,给设备注入具有智能化的自动控制装置,确保质量万无一失。日本的企业模式是按照儒家思想的集体伦理观发展起来的,它的管理方式渗透着许多以人为中心和强调团体精神的价值观念。

我国汽车工业起步于20世纪50年代初期,是靠国家集中投资和技术引进方式实现的,其标志是第一汽车制造厂的建设和投产。自1956年7月30日第一汽车制造厂生产出第一辆国产“解放”牌4吨载货汽车,我国结束了不能造车的历史。在后来长达20多年的造车历史中,我们采用封闭办法,靠国家计划支持,形成了国家严格控制下的单品种生产体制。到了20世纪80年代,随着我国改革开放政策的深入贯彻和国民经济发展,汽车工业先天不足的弊病充分表现出来,尤其是技术方面与世界先进技术差距很大。随后,大批引进先进技术的方案被提出。20世纪80年代,我国汽车工业有重点和有选择性地引进了100多项国外先进技术。到

20 世纪 90 年代初，全国汽车工业掀起合资热，合资企业接近 20 家，合资生产的产品有吉普车、轿车、轻型车、特种车、摩托车及零件。汽车行业是产业关联性强、资本和技术高度密集的现代化行业，已经成为拉动我国国民经济增长的支柱性产业。1980 年至今中国汽车产业发展的过程，经历了“计划经济时代的高政治嵌入”“从政策扶持到全球生产网络的嵌入性转移”和“多样化与独立自主”三个发展阶段。产业发展早期，本土企业高度嵌入国家政治体制，凭借制度优势形成市场垄断力量；1994 年之后，中国汽车产业“以市场换技术”，开始嵌入到全球生产网络，凭借技术转移快速聚集资源；进入 21 世纪，随着市场日益自由化，国际竞争日益多元化，本土企业凭借技术研发和市场开拓力争上游，实现自主创新。我国企业在中国文化基础上，以马克思主义理论为指导，结合国际上先进的科学技术知识，改变传统思维方式，推进企业技术进步。我国的汽车工业终于成为支柱产业，并借助新能源汽车的“东风”，实现弯道超车，靠中国人自己开发的独特高效的企业生产管理模式赢得了全世界的瞩目，销量持续保持世界第一。

2. 汽车发展史

汽车自从诞生到现在已经经历了 100 多年的历史。1886 年，卡尔 · 本茨造出来第一辆三轮汽车“奔驰 1 号”，当时这辆车的速度是 18km/h。如今，一些超级跑车的速度甚至可以达到 437km/h。汽车行业也涌现了许多著名人物和汽车品牌，如德国的卡尔 · 本茨创建了奔驰品牌，美国的亨利 · 福特创建了福特品牌，日本的本田宗一郎创建了本田品牌等。

1887 年法国庞哈德·莱瓦索马车制造公司获得戴姆勒高速汽油机在法国生产的专利权,开始用手工装配各不相同的车辆。当时的法国巴黎道路宽阔,且有奢华风尚,带动了汽车需求,1894 年公司每年能生产几百辆汽车。1900 年前,继德国、法国之后,美国、英国和意大利出现了多间这种作坊式汽车生产公司。1896 年亨利·福特在工厂造出了他的第一辆汽车,1903 年成立福特汽车公司,从而开启了大规模生产汽车的序幕。第一次世界大战爆发后,汽车类型逐渐完善,趋于多样化,同时各种汽车新技术也层出不穷。德国发明了汽车,美国则把这个行业带入了艺术设计的圣殿。哈利·厄尔于1927 年设计出凯迪拉克,开启了流线型车身的灵动外观。1923 年斯隆担任通用汽车总裁,开创了多品种大量生产的斯隆模式。第二次世界大战后,汽车造型、汽车性能、汽车美学都得到了大力发展。19 世纪 50 年代后汽油价格低,汽油税也低,开始开发大型豪华车,出现美国肌肉车型。与此同时,欧洲燃油不足,油税也高,开始研发精巧省油的小型车。欧洲还发展了许多款跑车,如英国的捷豹,德国的保时捷和奔驰,意大利的菲亚特和阿尔法·罗密欧,这类车采用了许多新技术。日本引进欧美先进产品和制造技术,推行全面质量管理,实现精益生产方式,推动了汽车生产的技术进步。日本生产的汽车以省油、耐用和低价格轿车赢得当时消费者的青睐。

到 2000 年前后,各强势汽车工业集团以其技术和资本优势,展开全球化竞争,全球形成 6 +3 汽车集团格局,即通用、福特、戴姆勒—克莱斯勒、丰田、大众和雷诺 6 个集团化程度高的大集团，以及本田、宝马和标致-雪铁龙 3 个集团化程度小的公司。随着汽车电子化技术的发展，汽车智能化技术正在逐步得到应用，汽车进入网络时代，开启了人-车-网互动的智能时代。出于对汽车节能、环保和安全的考虑，新能源汽车目前成为市场上主要发展方向。新能源时代，比亚迪快速崛起。一方面比亚迪响应了国家节能环保的号召，一方面比亚迪将精力放在新能源汽车研发上面，顺势而为。比亚迪是全球首个正式宣布停产燃油汽车的企业。这是汽车行业百年来的一个里程碑。到 2025 年，比亚迪的销量将会突破 500 万辆，超过大众、丰田，成为国内销量最高的车企。

第二节　汽车运营文化

1. 车牌的来历

从 19 世纪 90 年代开始，马路上的汽车越来越多，交通治理问题成为一大挑战。

1893 年，法国警署首先通过了相关条例，开始实施车牌管理制度。当时的车牌并非由相关部门制作发放，而是由车主根据领到的号码自行绘制。

1901 年，美国政府也从法国引入了车牌管理制度，相关条例规定，车辆后部必须显示出车主姓名的首字母与车辆所在州的名称。随着汽车数量的不断增加，纽约州政府才引入了数字加以区分。不过，在 1909 年之前，纽约州的所有车牌都是由车主来制作的。直到 1909 年，纽约州才开始由政府部门统一制作并发放车辆牌照。

而中国历史上首批由政府颁发,真正用于汽车的牌照是在 1912 年由上海公共租界工部局发放的 500 张号牌。直到 1947 年,国民政府才将全国车牌统一。新中国成立后,我国车牌经历了 6 代发展,才演变为如今的蓝底白字车牌。2016 年,我国正式推出绿底黑字的新能源汽车牌照。

2. 汽车文化博览园

汽车文化博览园是这些年来,随着汽车后市场的不断深入而逐渐产生和发展的。在西方发达国家,汽车文化博览园主要依托汽车制造品牌而逐渐产生和发展,如德国沃尔夫斯堡汽车主题公园、日本丰田的汽车城等。由于有着深厚的汽车制造文化底蕴,使这些汽车文化博览园不仅成为人们感受汽车文化的场所,同时也成为人们旅游度假的休憩圣地,在这里享受美食的同时,也能深入地去了解汽车文化,而且还能亲自上手去试驾新车,或是去设计属于自己的汽车。这种丰富的体验,带动了如：地产、旅游、餐饮、购物等相关产业的发展,有效地拉动了当地经济,同时也带动了围绕汽车文化而衍生的各类消费。

随着中国经济的不断深入发展,人们生活水平地不断提高,汽车已渐渐走入千家万户。据公安部统计,2022 年,全国机动车汽车保有量达 4. 17 亿辆,其中汽车 3. 19 亿辆,新能源汽车保有量达 1310 万辆;机动车驾驶人达 5. 02 亿人,其中汽车驾驶人 4. 64 亿人。中国成为名副其实的汽车大国。这无形中催生了中国汽车后市场的快速发展,如汽车美容、汽车改装、汽车自驾游、汽车维护、汽车赛事、汽车电影等都得到了长足的发展。国内基于汽车文化博览园的建设起始于2000年左右,随着汽车消费及汽车文化消费的不断升级,汽车文化博览园的建设在国内掀起了一股热潮。

汽车文化博览园是汽车文化的大型城市综合体项目。其概念的提出是顺应时代发展的,主要体现在以下四个方面:一是随着汽车产业的蓬勃发展,汽车后市场的刚性需求,需要有大规模的综合性汽车文化园区,提供综合性的服务和体验项目;二是产业转型升级,汽车价值链条向两端移动,由原来的制造向科技研发和汽车后市场两端延伸并迅速发展,需要全力发展服务业;三是全国大部分城市的汽车保有量激增,汽车后市场潜力巨大,给建设综合性的汽车文化园区提供了先决条件;四是家庭体验式消费的快速增长,汽车作为代步工具不仅仅是交通工具,而是生活的一部分,现在几乎每个家庭都有一辆车,自驾游、一日游已非常普遍,为汽车文化的延伸和传播奠定了基础,也为汽车文化博览园的发展提供了市场土壤。但项目投资大、风险高、回报周期长,成功运营实属不易。汽车文化博览园是以汽车文化为主线发展的集汽车教育、科研、展览、售后服务于一体的综合性一站式服务园区;园区里可以设计有科研院所、汽车博物馆、汽车展示展销中心、维护装饰中心、汽车赛道、卡丁车乐园及配套的汽车主题酒店、汽车购物街等,并可以举行大规模的汽车展会、汽车试乘试驾活动、汽车赛事,辐射所在城市及城市周边区域。

3.汽车会展文化

车展,是指在专业展馆或会场中心进行的汽车产品展示展销会,或汽车行业经贸交易会、博览会等。巴黎车展是世界上第一个车展,巴黎车展起源于1898年的国际汽车沙龙会,与法兰克福车展、日内瓦国际汽车展、北美车展和东京车展并称为五大车展。从1898年至1976年,每年一届,此后每两年一届。每年的9月底至10月初在巴黎举行。也有文献提出,世界历史上第一届国际车展是德国的柏林车展,早在1897年的时候,9月30日上午,有一场小规模的车展在德国柏林一个名叫Bristol的酒店里举行。当时,一共展出了8辆汽车,虽然规模不大,但却已然引来关注。因为社会反响还不错,所以那时候的德国,每年都会举办一次类似这样的汽车展览,举办地都选址于柏林。在1905年至1907年期间,甚至每年都会举办两场。当时,德国人都乐意将它们称为“柏林车展”。可是,正在车展这种形式风头正劲的时候,1908年,由于第一次世界大战的缘故,柏林车展不得不停止举办,直到1921年才得以继续。当1921年重启柏林车展的时候,参加展览的品牌已经增加到了67家,展出车辆也达到了90多辆。到1931年,第22届柏林车展的时候,参观人次已经达到了29.5万。而且,在这一届车展中,首次出现了前驱车型。1939年,第29届车展,整个展览期间一共接待了82.5万人次。这样的增速在当时来说,是相当惊人的。那一年,大众汽车首度亮相,参展的就是后来众所周知的“甲壳虫”。不过,这也是第二次世界大战前的最后一次车展。尽管车展被取消了,但这并没有阻止汽车厂商热衷于参加展示会的意愿。在1947年到1949年期间,德国的汽车和配件制造商就参加了在汉诺威举办的出口商品交易会。汽车工业展示厅就像安装了一块大磁铁一样,吸引了大量人员入场参观。可见,汽车这一工业品是何等的深入人心。后来,世态安稳之后，德国车展又开始兴起。1951年4月，车展在法兰克福举行。这是法兰克福第一次承办车展，参观人数总计达到了57万人次。6个月之后的9月，德国当年的第二场车展在柏林举办，吸引了29万人次参观。随着中国汽车工业的蓬勃发展，汽车会展也得到了极大的关注。其中，北京车展、上海车展、广州车展、长春车展、成都车展并称为中国五大车展。

北京车展：北京国际汽车工业展览会创办于1990年，该展览会每逢双数年6月间在北京中国国际展览中心举办。每次都受到中外汽车界、新闻界和其他各界的高度关注和积极参与。

上海车展：上海国际汽车工业展览会创办于1985年，是中国最早的专业国际汽车展览会。上海车展地点位于浦东龙阳路2345号的上海新国际博览中心，每两年一次，每逢奇数年举办，与北京车展隔年度交替进行。

广州车展：广州国际汽车展览会创办于2003年，每年举办一次，地点在广州国际会展中心。“高品位、国际化、综合性”是广州国际车展一直坚持的定位与追求。

长春车展：长春国际汽车博览会创办于1999年，每两年举办一届，展会地址在长春经济开发区内的长春国际会展中心。长春车展由于有我国第一个汽车城的支撑，具备得天独厚的良好条件，展会在安排设计上也有其独到的特点，主要以“展”“会”“经”“文”“赛”五大板块为主线。

成都车展：成都国际汽车展览会创办于1998年，是中国西南地区最大的专业汽车展览会，每年举办一届，展会地址设在城南新区的世纪城新国际会展中心。经过不断发展，依托成都在西部的重要经济地理位置以及巨大的汽车市场,成都车展的规模和影响力在不断扩大,并逐渐形成了自己的特色。

第三节　汽车运动文化

19 世纪 80 年代,随着汽车工业的发展,汽车运动悄然兴起。从第一辆汽车被生产出来到第一次汽车比赛的举行只不过间隔了 10 年的时间。1894 年,法国组织了世界上第一次汽车比赛,线路由巴黎经里昂再返回巴黎,全程 128km,当时共 102 位车手申请参赛,最终 9 位到达终点,在汽油车、酒精车、蒸汽车、电动车中,蒸汽车获得了第一名,时速为 24km/h。赛车运动是指汽车按照比赛规则在封闭场地内、道路上或野外,进行的速度、驾驶技术和车辆性能等方面比拼的一种竞赛运动。它是赛车手和赛车交融的体育竞技,具有很高的挑战性和观赏性,体现了人与科技完美的结合和人类挑战自我、挑战极限的精神。在赛车运动开展的初期就出现过危机,因为赛车撞向围观人员导致伤亡而两度停赛。最终在汽车厂商的强大压力下,恢复了比赛。但为赛车运动制定了一些规则:为了避免汽车在野外比赛扬起漫天的尘土影响后面车手的视线,造成伤亡事故,赛车运动逐渐改在封闭的赛场和跑道上进行。

为了吸引更多的人参加汽车比赛,使比赛更加富有刺激性和挑战性,法国勒芒市在 1905 年举行了第一次真正意义上的场地汽车赛。此时赛车已经职业化,德国、意大利、英国、美国都有了自己的赛车参赛。1904 年 6 月 20 日,由法国、英国、德国、比利时等几个欧洲国家在巴黎成立了国际汽车联合会(FIA),简称“国际汽联”,它负责管理全球汽车俱乐部和各种汽车协会的活动,总部设在瑞士。赛车运动分为两大类,场地赛车和非场地赛车。场地赛车,就是指赛车在规定的封闭场地中进行比赛。它又可分为方程式赛、轿车赛、运动汽车赛、GT耐力赛、短道拉力赛、场地越野赛、直线竞速赛等。非场地赛车的比赛场地基本上不是封闭的,主要分拉力赛、越野赛及登山赛、沙滩赛、泥地赛等。不同赛事具有不同的特点:

1.方程式汽车赛

这是汽车场地比赛的一种。赛车必须依照国际汽车联合会制定颁发的车辆技术规则和规定的程式制造,包括车体结构、长度和宽度、最低质量、发动机工作容积、汽缸数量、油箱容量、电子设备、轮胎的大小等。

各级方程式赛车的制造程式不同。属于方程式汽车比赛的项目有:F1、F-3000、F-3、亚洲方程式、无限方程式、福特方程式、雷诺方程式、卡丁车方程式等。

第一,一级方程式锦标赛(F1/Formula 1)。

世界一级方程式锦标赛(FIA Formula 1 Word Championship,简称F1)是目前世界上速度最快的、费用最昂贵、技术最高的比赛,也是方程式汽车赛中最高级别的比赛。现代世界一级方程式锦标赛是于1950年在英国银石赛车场开始的,现在每年举行16场比赛,由国际汽车联合会安排比赛。

每辆F1赛车都是世界著名汽车厂家的精心杰作。一辆赛车的价值超过700万美元,甚至不亚于一架小型飞机的价值。F1 比赛,不仅是赛车手勇气、驾驶技术和智慧的比拼,在其背后还进行着各大汽车公司之间汽车技术的竞争。福特汽车公司就形象地把汽车大赛比作“高科技奥运会”。在汽车大赛中推出的新型赛车,从设计到制造都凝聚着众多研制者的心血,并代表着一家公司乃至一个国家的科技水平。汽车大赛还是各国科技人才素质的较量。据悉,德国约有 2000 多名专业人才直接从事赛车的设计、制造和研究工作,美国约有 1 万人,而日本则最多,估计近 2 万人左右。

所有参加 F1 大赛的车手,都是经过千挑万选的世界车坛的精英。每一位车手在跻身 F1 大赛前,都必须经过多个级次的选拔,例如小型车赛、三级方程式(F3)车赛等,堪称过五关斩六将,而要成为世界冠军,更非易事。他必须身经百战,集赛车技术、天赋及斗志于一身。

根据 FIA 的有关规定,每年全世界能有资格驾驶世界 F1 赛车的车手不超过 100 名。所有驾驶 F1 赛车的选手,都必须持有 FIA 签发的“超级驾驶执照”,每年只有少数的优秀车手有资格参加决赛。

第二,三级方程式汽车赛(F3/Formula 3)。

三级方程式汽车赛是方程式汽车场地比赛项目之一。使用的赛车是四轮外露的单座位纯跑道用方程式赛车, 外形与一级方程式赛车相类似,但体积较小, 最小质量为 455kg, 配备 4 缸、2L 的自然吸气式汽油发动机,输出功率约 127kW。

第三,方程式 3000 锦标赛(F3000/Formula 3000)。

方程式 3000 锦标赛是方程式汽车场地比赛项目之一。设有国际大奖赛等比赛。使用的赛车是四轮外露的单座位纯跑道用方程式赛车,装备 8 缸、3L 的自然吸气式汽油发动机,输出功率约 349kW。

第四,雷诺方程式(Formula Renault)。

雷诺方程式是世界上著名且最普及的一种方程式赛车,该项赛事是由法国雷诺集团推广发展起来的,该方程式赛车由意大利 TATUUS 公司制造,该类单座赛车的功率为 149kW,最高时速可达到 260km/h。雷诺方程式赛车的良好性能和较低的价钱的完美保证了其在全世界的普及程度,这种比赛的赛车每年制造超过 700 辆。雷诺方程式赛车给全世界热衷赛车运动的年轻人提供了一个驾驶技能和身体心理状态适应的学习环境,为他们走向该项运动的顶级赛事 F1,成为未来之星打下基础。

第五,亚洲方程式国际公开赛(AGF)。

亚洲方程式国际公开赛是亚洲地区比赛项目之一,限在亚洲地区开展。使用的赛车是四轮外露的单座位纯跑道用方程式赛车,车身规格与三级方程式相似,配备 1 台 4 缸,2L 的自然吸气式汽油发动机,输出功率约 117kW。近年来出现了宝马亚洲方程式,是亚洲比较流行的方程式赛车。

2.拉力赛

汽车拉力赛的道路状况十分复杂,每一段特殊路段为一个赛程,例如一个赛程全是曲折蜿蜒的山路,另一个赛程则是阴暗森林中的泥路。拉力赛的路线都是一致的,但并不同时出发,而是一辆接着一辆,每一辆赛车在不同阶段都由裁判员记录下所需时间,总时间最短的便是胜利者。

大型拉力赛的车队往往由几十名队员和多种运输工具

组成,其中有负责传递信息的摩托车、装载备用部件的卡车、医疗用车,甚至有时还有直升机。

赛车不同于街道上行驶的普通汽车,虽然外观一样,但参加国内比赛的汽车要求是年产量在2500辆以上的小轿车,并且至少有两套改装:安全改装和技术改装。

拉力赛一词取自英文"Rally",有集结的意思。它表示参赛车辆必须严格按照比赛资料中规定的行驶路线,在规定的时间内,到达每一个封闭路段的终点。比赛不仅考验车手的水平,还要考验领航员的配合、车辆的性能以及维修团队的力量。因此,无论对于选手还是车队都是一项无比复杂的综合性考验。拉力赛的赛段为各种临时封闭后的普通道路,包括山区和丘陵的盘山公路、砂石路、泥泞路、冰雪路等,也有无法封闭的沙漠、戈壁、草原等地段。

拉力赛主要分为两种形式:一种为由甲地出发,到达乙地结束,历时五六天甚至十几、二十几天的直线型、长距离马拉松拉力赛(格拉纳达-达喀尔拉力赛、555港京拉力赛和巴黎-莫斯科-乌兰巴托-北京拉力赛都属于这类比赛),这类比赛每年只举办一次,每次持续五天至二十几天不等;另一种为每天行驶的方向不同但均返回同一地点、历时两到三天的锦标赛系列赛事,这类比赛每年在不同国家和地区举办数场或十几场。如果把每天的出发和返回的地点看作一个圆心,那么每天行驶的路线都是以这个圆心而向外辐射的,其形状如同梅花一般,因此,这一类的拉力赛又称为"梅花型"拉力赛,世界拉力锦标赛(World Rally Championship,简称WRC)便是这类比赛。WRC全年在世界各国举办十四站比赛,每个分站产生一对车手和领航员分站冠军,全年各分站成绩总积分最高的一对车手和领航员赛手成为当年度的 WRC 世界冠军。

3. 直线竞速赛(Drag Racing)

直线竞速赛是汽车场地比赛项目之一。比赛按不同车型及发动机工作容积分为 12 ~ 14 个级别,在两条并列长 1500m、宽 15m 的直线柏油跑道上进行,实际比赛距离为 402.336m 或 201.168m。比赛时每 2 辆车为 1 组,实行淘汰制,分多轮进行,直至决出冠军。采用定点发车方法,加速行进,通过电子仪器测量从发车线到终点线的行驶时间评定成绩。

使用特别设计制造的活塞式或喷气式专用赛车,以汽油、甲醇或煤油为燃料,车重 500 ~ 1000kg。其中"高级酒精发烧友(TAFC)"级的发动机容积达 8.93L,输出功率 1838.75kW,速度达 382km/h;"三角架高级燃料车(TFD)"级的发动机容积为 8.127L,输出功率 3677.49kW,速度可达 460km/h;"喷气发烧友"级的发动机输出功率达 7354.99kW。

4. 耐久赛(Grand Touring Car)

亦称"GT 赛"。汽车场地比赛的一种。为长时间耐久性汽车比赛。比赛车辆分旅行车和运动原型车两类,并根据发动机的工作容积分为若干级别。比赛中每车可设 2 ~ 3 名驾驶员,轮流驾驶。

每年国际汽车耐力系列赛分为 11 站,在世界各地举行。比赛一般进行 8 ~ 12h,以完成圈数的多少评定成绩。较著名的比赛有:法国勒芒(Le Mans) 24h 耐久赛、日本铃鹿(Suzuka)

8h 耐久赛。

5. 印地车赛(Indy Car)

印地车赛是汽车场地比赛的一种。设有世界锦标赛,该车赛起源于美国,原为美国汽车协会主办的锦标赛。1978年由18支印地车队联合成立了“印地锦标赛赛车队有限公司”,建立了赛事管理机构举办系列车赛,制订了独特的比赛规则。1979年举办了第一次比赛,成为不受国际汽车联合会管辖的汽车比赛。

比赛使用车辆的整体结构类似一级方程式的四轮外露式单座位纯跑道用赛车,但使用8缸2.6~3.4L以甲醇为燃料的涡轮增压式发动机,输出功率514.85~625.17kW。依不同的比赛场地比赛距离为320km至800km不等。

6. 卡丁车赛(Karting)

卡丁车赛是汽车场地比赛项目的一种。分方程式卡丁车、国际A、B、C、E级和普及级六类,共12个级别。车辆使用轻钢管结构,操纵简单,无车体外壳,装配0.1L、0.125L或0.25L汽油发动机的4轮单座位微型赛车,重心低,在曲折的环形路线上行驶,比赛速度感强。

卡丁车是世界方程式赛车的最初级形式,始于1940年。由于许多著名的一级方程式赛手都是从卡丁车起步的,因此卡丁车被视为“F1”车手的摇篮。

7. 创纪录赛(Land-Speed Record-LSR)

创纪录赛是指在某个场地或路段以单车出发创造最高行驶速度纪录的汽车活动。按汽车发动机的工作容积分A-J共10个级别。

现今以轮胎驱动的汽车的最高速度纪录是1965年11月由赛默兄弟创造的,时速达660km/h;以喷气式发动机为动力驱动的汽车最高速度纪录是1983年由英国人理查德·诺贝尔驾驶他自己设计的Thrust Ⅱ车在美国内华达州西北的盐湖上创造的,时速达1019.89km/h其发动机的输出总功率为44129.93kW。

8.越野赛(Rally Cross)

越野赛是汽车道路比赛项目之一。是在一个国家的公路和自然道路上举行的允许对该国进行考察的汽车比赛。经过几个国家的领土、总长度超过10000km或跨洲的比赛称马拉松越野赛。除国际汽联特别批准外,越野赛的赛程不得超过15天,比赛必须在白天进行。采用单车发车方式。比赛每经过10个阶段后至少休息18个小时。每阶段的行驶距离自定,但每个赛段的最大长度,越野赛规定不超过350km,马拉松越野赛规定不超过800km。必须使用在国际汽联注册的全轮驱动汽车参赛。

1996年国际汽联首次对越野赛实行世界杯赛制,其中较著名的比赛有巴黎-达喀尔越野赛、突尼斯国际汽车赛、巴黎至莫斯科至北京马拉松汽车越野赛、阿拉伯联合酋长国沙漠挑战赛等。

在这些欧洲国家的车迷们已经在赛道上为自己喜爱的车队摇旗呐喊的1956年,我国的第一台汽车,才缓缓驶下装配线。这样的差距也使得中国在汽车运动上一直都是空白,因为像汽车运动这样在金字塔顶端的运动项目,是需要有强大的汽车工业背景来支持的。即使到了21世纪初,我们自己的汽车工业,也还停留在逆向研发的阶段。所以进军汽车运动,对于那时的我们来说困难重重。

但是在碳排放标准日益严苛的今天,新能源汽车的飞速发展,也给了我们自己的汽车行业一个新的机遇。因为在电池、电机、电控这三个新能源汽车最核心的技术上,我们跟国际水平的差距其实很小。正是因为这样的机遇,我们最近在国际赛场上也取得了越发骄人的成绩,比如蔚来 EP9 曾经在有“绿色地狱”之称的纽博格林赛道打破电动车圈速纪录,第一次在这个世界顶尖的赛道上留下了中国足迹。而在全球最高级别的电动车赛事——FIA 世界电动方程式锦标赛中,中国体育营销巨头盛力世家所收购的 DS 钛麒车队也已经几度卫冕夺冠。另一支拥有中国背景的车队远景维珍车队在最新赛季已经上升到了车队积分榜第一名的位置。远景维珍车队背后的所属方是一家国际化的中国科技企业——远景科技集团。

2018 年,远景对维珍车队进行了收购,成为这支英国车队的所有者。远景集团帮助车队在英国银石总部投资建设了先进的模拟器设备,为车手提供了日常训练的重要资源。远景在人工智能算法以及大数据等方面积累了大量经验。基于远景 EnOS 智能物联操作系统,远景科技集团建立了包括传动链、变频器和电池在内的各类设备模型,还包括气象、地面、风阻的模型。远景还拥有全球最精确的天气预测系统之一 EnWeather,目前系统已经实际应用于车队比赛中,可以为车队提供 400m 内 2 ~ 3h 的天气预测,包括温度湿度和降雨,能够精确到分钟级别。车队可以更有利地预先制定比赛策略。

随着技术的进步，汽车赛事也进入了新的历史发展阶段。从单纯依赖比赛选手的个人天分和刻苦训练到利用各种高科技为比赛赋能，从个人英雄到团队作战，赛车文化得到了升华。

第四节　汽车时尚文化

1. 汽车电影文化

汽车与电影，这两个19世纪最伟大的发明，对人类的生活产生了巨大的影响。人们坐着汽车去看电影，汽车出现在电影银幕上。当汽车遇上电影，这两个改变人类生存轨迹的伟大发明，又会撞出怎样的“火花”呢？

百年来，汽车电影文化从人类历史上第一部可以称之为“经典”的汽车电影——《红线7000》，一直到如今在电影市场上叱咤风云的《速度与激情》系列，无不让车迷朋友们大呼过瘾。能走进电影院，在大银幕上看到自己心爱的汽车飞驰，也是一种莫大的视觉冲击和精神享受。而这正是汽车电影文化的魅力。

相对应地，诸多汽车品牌通过电影展现的各个经典车型，从而主推或者衍生出各家的市场热销车型。让你心爱的座驾能从银幕走到身边，形成“电影展现——经典车型——衍生车型”的文化产品矩阵。

如代表百年英伦荣耀的MG汽车，电影呈现：《好莱坞往事》《极速车王》，衍生车型：MG TD MK Ⅱ，MG 6。

代表百年美利坚荣耀的凯迪拉克，电影呈现：《好莱坞往事》《绿皮书》。经典车型：凯迪拉克 Coupe DeVille。

战胜过法拉利的福特汽车，电影呈现：《极速车王》《霹雳游侠》。经典车型：福特 GT 40。

福特 GT 40 毕竟只是赛车，而让福特跑车深入人心的自然就是福特野马 Mustang。

百年美系运动经典的雪佛兰，电影呈现：《变形金刚》《蝙蝠侠》。恐怕没有哪部电影能比《变形金刚》对于中国人普及美国汽车文化影响更大的了。而《变形金刚》中大黄蜂的化身——雪佛兰科迈罗，也成为不少国人梦寐以求的座驾。无独有偶，当年电影《蝙蝠侠》中，由雪佛兰 Impala 为基底改造的百变万能的蝙蝠战车，也成为人们心目中的神车。

从银幕上走下来的汽车，就像理想照进现实。而植入式汽车广告，与电影作品的联姻可谓天作之合，汽车是人类对智慧、速度、力量、美的诠释。而电影则在想象中记录历史，创造梦幻。汽车成为电影中的重要元素，电影也成为汽车宣传的绝佳途径，两者的结合产生了前所未有的冲击力，是商业与娱乐相结合，并获得双赢的成功典范。作为世界电影的中心，好莱坞电影与汽车合作的例子不胜枚举。《X 战警》中主角金刚狼驾驶的是马自达新款 RX8 汽车。《速度与激情》影片中，主角就是汽车。007 系列电影，有着永远的任务、永远的冒险，无尽的惊奇与刺激，是影片的永恒主题。在很多部 007 电影里汽车是邦德最主要的道具之一，因为那些飞车追逐场面通常是电影的高潮所在。而且，车对于邦德来说，既是交通工具又是武器。在这方面，近年来宝马公司抢占了先机。在《黄金眼》中，宝马汽车已经借 007 出了不少风头，而在《明日帝国》中，最新的宝马 7 系的表演似乎要盖过

007,连摩托车都是宝马下属公司的产品。福特汽车也先后17次陪同邦德出生入死,福特汽车公司也因此成为汽车厂家与电影制片厂之间合作时间最长的伙伴。

而迪士尼的动画片《汽车总动员》,则将电影中人的世界,彻底变成了汽车世界,从主角到配角,无不是汽车构成。在片中,导演巧妙设置了与主角个性地位相匹配的各款车型,主角“闪电”赛车麦昆作为本片男主角,外形选用美国道奇蝰蛇。在车迷心中,道奇蝰蛇,代表着大排量与大功率的美国造车精神,霸道的感觉就是麦昆的本色。女主角律师莎莉,厌倦了大都市的快车道生活,来小镇开始了新生活。她迷人、聪明、诙谐,并且是这个小镇的代理人,致力于保护和复兴这个小镇,她梦想某一天,这个小镇能“再次出现在地图上”。最终麦昆助她实现了梦想,两人陷入了爱河,在美丽的66号公路上相互追逐,浪漫了一地。律师的职业背景加上美丽浪漫女性形象,让线条流畅优美的保时捷跑车成为这个角色的首选。而其他配角车型的选用,皆是将汽车的车型和历史置于故事情节之中。比如片中重要配角哈德森,表面上是镇上医生兼法官,实为“真人不露相”,麦昆无意间在哈德森的车库中发现,哈德森曾赢得过三届活塞杯冠军,翻开汽车运动的历史,哈德森所选用的大黄蜂,是美国的双门豪华轿车,当年该车以速度见长,霸占“陆地火箭”的美称不让他人。在1955年前,他一直是赛事的夺冠主角。从道具变成主角,车与电影的联结可谓紧密。

2. 汽车改装文化

汽车发展到今天,已经从最初的代步工具转变为人们生活和工作的重要组成部分。对于许多追求完美的消费者来说，即便是知名汽车品牌的车型也存在很多不足，但购车者都希望能得到一辆完全量身定制、体现自己个性的车，因此改装需求应运而生。

在国外，改装车的历史由来已久，最初出现的改装车是为了参加汽车比赛，许多喜欢赛车的人对车辆的动力、底盘、车身等系统进行改装，提升车辆的动力、操控等性能，以获得更好的成绩。几十年过去了，随着汽车工业的发展和赛车运动的普及，汽车改装已成为普通汽车用户生活中的一部分，也变成了一种时尚。现如今，改装车在全球范围内得到了广泛的认可，特别是在年轻人当中，如果驾驶一款改装后的汽车总是能得到极高的回头率。

在中国，由于汽车产业起步较晚，人们对改装车并不熟悉，普遍认为改装只是改变车辆配置，如加装倒车影像、加装皮卡后盖、拆除后排座椅等，但真正的改装是对车辆性能进行调整，如通过发动机改装提升车辆动力性，包括更换点火线圈、喷油嘴、排气管、空气滤清器，加装增压器、中冷器等。此外，为提升车辆操控性、制动性，部分消费者对车辆底盘进行改装，包括更换减振器、弹簧、悬架拉杆、制动卡钳，加装底盘加强杆等。但改装是为满足不同消费者对于车辆的个性化需求，因此汽车改装项目并不固定，在倡导个人主义的今天，种类繁多的改装车层出不穷，已成为大街小巷中流动的风景。

据《2021 年中国汽车改装行业市场调研与投资预测分析报告》数据显示，与 3 亿辆的汽车存量和超过 2500 万辆的年销量相比，中国汽车改装行业规模偏低，产值仅为 650 亿元，与美国、欧洲等地区的消费水平、消费规模仍有一定差距。2022年4月，国务院办公厅印发《关于进一步释放消费潜力促进消费持续恢复的意见》，提到破除限制消费障碍壁垒，建立健全汽车改装行业管理机制，加快发展汽车后市场。为促进中国汽车改装行业健康、规范、有序发展，中汽信科牵头成立汽车合规改装联合推进办公室（简称"LM"），致力于推动中国汽车合规改装进程和改装文化发展，充分发挥在政策法规推动、行业发展研究、产品共创开发、供应链资源建设、改装文化推广等方面的作用，搭建政府、行业、企业交流协作平台。

3. 后备箱集市

说起汽车后备箱，你会联想到什么？空间狭小、杂物堆积，或者是储放一些备用胎、千斤顶、三脚架等零部件，但在一些潮流的年轻人手中，汽车后备箱被打造成了一个微缩版的精致商店，甚至是创意工厂。摆上小饰品、奶茶、蛋糕、串串，支起桌椅、听着音乐、享用美食，各种好玩好吃的"潮品"吸引着市民驻足。

后备箱文化的由来是早期美国人搬家，有很多东西不容易带走，自己家不用，开着汽车摆在后备箱，对着自家院子的门，有的送了，有的被过往的人买去，甚至以物易物，后来逐渐形成了一种文化，传递着节约、帮助、友好的信息 。如今，这种将汽车后备箱文化与消费深度结合的"后备箱集市"，频频出现在我国多个城市的商业街区，成了一种新型经营业态。

"后备箱集市"虽然不是一个全新的事物，但与传统的街头巷尾的地摊夜市相比，还是有很大不同的。它不仅位置灵活、调整方便，不会阻挡交通要道，而且在风格上更多元、时尚，虽然是地摊但却不“低档”。这种车辆后备箱的携带方式不仅可以使销售者减轻了房租压力，并且借着手工艺制品等独特的文化方式，可以更好的吸引人们的光顾和购买商品。作为一种另类的地摊经济，对于促进城市经济发展和提升人民生活水平有着积极作用。不仅可以吸引年轻爱好者来光顾，也可以促进他们对于新鲜事物的认知。这种独特的后备箱文化在促销和促进交流方面有着得天独厚的优势。对于一些喜欢体验新鲜事物的年轻人而言，这种方式可以为城市经济的发展带来新的活力与改变。同时后备箱非常方便，且不需要特定的场地。对于一些拥有业余爱好的职业工作者而言，提供了一种全新的兼职方式，可以大大提高某些兼职群体对于该类文化形式的参与度。

文化是一种社会现象，是人们在日常生活中长期累积而形成的产物；同时又是一种历史现象，是社会历史的沉淀。确切地说，文化是指一个国家或民族的历史、地理、风土人情、传统习俗、生活方式、文学艺术、行为规范、思维方式、价值观念等。文化是人的人格及其生态的反映。当一种消费品达到一定数量时，它自然就会在人们的生活中发挥其使用价值以外的作用，从而也就形成了其自身的一种文化。汽车本来是钢铁物件，是人赋予了它特有的内涵。汽车已经从一种改变人们出行方式的工具逐步转变为了人们在日常生产生活当中彰显个人品位，满足不同需求，实现个人价值的载体，是对一部分人自身信仰道德，风俗习惯的最佳阐释。甚至这种文化习俗还延伸到了其他领域当中，成为一种文化符号。汽车影响着现代人的生活，不仅包括了人们的种种欲望、审美情趣、生活追求等，还体现了人们的社交圈子、生活品位等；最初的汽车交易市场已经无法满足时代的需求，人们更注重文化内涵的提炼与感知，以汽车文化为核心而衍生出的各种服务受到人们的追捧，如汽车博览、汽车娱乐、汽车比赛、汽车自驾游等，人们迫切需要汽车文化来解决这些需求。人们在丰富的文化活动中感受到不一样的速度与激情。

汽车品牌运营策略与方法研究

第五章 汽车品牌概述

汽车品牌用来识别汽车产品的来源或生产商,使得消费者要求特定的生产商或分销商对其行为负责。品牌是企业和消费者之间的承诺。它是设定消费者期望和减少消费者风险的一种方式。消费者会根据产品如何被品牌化对相同产品作出不同评价。品牌对消费者也具有个人意义,或成为消费者自身识别的重要部分。本文首先梳理了品牌元素、品牌忠诚度、品牌资产、品牌强度、品牌价值、品牌权益、品牌健康度等相关概念,在此基础上强调汽车品牌营销既是一种组织职能,也是为了组织自身及利益相关者的利益而创造、传播、传递汽车用户价值,管理客户关系的一系列过程。其次回顾了品牌发展理论,如罗瑟·瑞夫斯的特别销售主张理论、阿尔·里斯和杰克·特劳将提出的品牌定位理论以及大卫·奥格威的品牌形象理论。最后一部分讨论了汽车企业的品牌管理流程,从品牌规划入手,到品牌传播、品牌提升以及品牌长期管理的全流程。

第一节　品牌概念梳理

品牌这一名词最初来源于西班牙的游牧民族，为了在交换牲畜时便于区别，于是用烙铁在牲畜身上打上标记性印记，所以，品牌原本就是标识，烙印的意思。

直到1960年，营销学词典中给品牌一个比较确切的定义：用以识别另一个或另一群产品的名称、术语、记号或设计其组合，以和其他竞争者的产品和劳务相区别。从2021年度豪华&超豪华汽车品牌全球销量图中我们可以看到，如图5-1所示，豪华品牌前三名：宝马、奔驰、奥迪。这些汽车品牌不仅清楚地表达了企业和产品的重要信息，还成功地被消费者识记，进而形成正面的品牌判断和品牌感受。

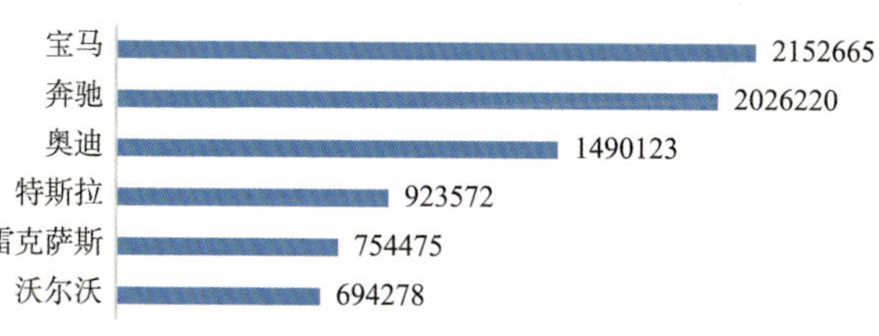

图5-1　2021年度豪华品牌汽车全球销量表(单位：辆)

品牌不仅是一种符号、一种促销的标记，而且是有灵魂、人性化的，它可以把产品及其设计者的精神、意图传递给消费者，从心灵深处打动消费者，进而引导他们的购买欲望。宝洁公司前首席执行官雷富礼曾说："一个成功的品牌，即是消费者永远不变的承诺及约定。公司一定要坚守此种约定的价值才行，并且以从不怠慢的努力缩短与消费者之间的距离,并要不断让消费者感到惊喜。”中国吉利汽车的创始人李书福也认为,品牌是活的、有灵魂的、有血有肉的。企业需要具有品牌意识,让品牌具有丰富内涵。

品牌识别一种产品的来源或生产商,使得消费者要求特定的生产商或分销商对其行为负责。品牌对消费者的作用,首先品牌是企业和消费者之间的承诺。它是设定消费者期望和减少消费者风险的一种方式。消费者会根据产品如何被品牌化对相同产品作出不同评价。品牌对消费者也具有个人意义,或成为消费者自身识别的重要部分。对于某些消费者来说,品牌甚至具有拟人个性。宝马 7 系的消费者一般不喜欢运动型汽车,所以宝马增加了许多电子元器件,如控制窗户、座椅、气流和光线的多重选择,按钮点火器和夜视功能等,强调驾驶人对汽车的控制性。将宝马汽车的宣传语“终极座驾”(The Ultimate Driving Machine)保持并贯彻到底。

品牌对公司而言,价值体现在以下几个方面:首先品牌是公司对其产品进行法律保护的载体,品牌名及其附属物(如商标、标志、广告语、包装等)属于知识产权,公司作为其法定所有者,拥有受法律保护的权利。其次,品牌是公司及其产品实现差异化的有力武器。一个有信誉的品牌暗示着该产品有较好的质量,所以消费者很容易再次选择这种产品。品牌忠诚为公司提供了对需求的可预测性和安全性,同时它建立的壁垒使得其他公司难以进入这个市场。忠诚也可理解为顾客支付更高价格的意愿——通常与竞争品牌相比多出 20% ~25% 。品牌还是公司的合法资产,在无形资产和商誉中,品牌价值占有非常突出的地位。品牌对社会具有良性促进作用，主要体现在：品牌是人与人之间共享价值观的介质，品牌能够帮助人们建立自我认知。品牌把具有共同价值主张或生活方式的人联系在一起。

形成品牌识别并使之差异化的不同部分被称为品牌元素，品牌元素有时也称为品牌特征，指的是那些用以识别和区分品牌的商标设计。主要的品牌元素有：品牌名称、URL、标识、符号、形象代表、品牌口号、广告曲、包装和符号。

选择品牌元素有六条标准，如图5-2所示。

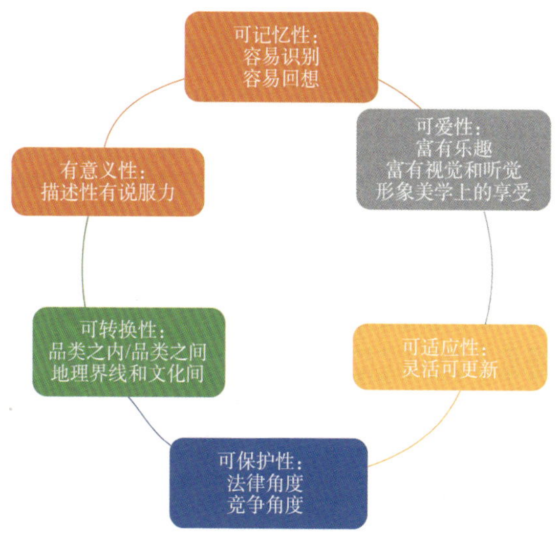

图5-2　品牌要素的六标准

可记忆性、有意义性和可爱性是营销者创建品牌资产的攻击性战略；可转换性、可适应性和可保护性是在提升和保持品牌资产面临不同的机遇和限制时，扮演防御性角色。

品牌价值、品牌资产是体现品牌经济价值的2个关联概念。

品牌价值(Brand Value)是指品牌具有用货币金额表示的“财务价值”,以便品牌用于市场交换。20 世纪 80 年代以来的品牌并购,凸显了“品牌价值”这一概念的重要性。品牌价值的构成,包括了培育品牌的成本和品牌未来可实现的预期增值。前者包括了创建和维护品牌的各种投入,如设计费、注册费、广告费、渠道开拓费用等。品牌增值则是内含于品牌可在未来为企业带来的超额预期收益。一般来说,卓越品牌的品牌价值要远远超过投入在品牌上的各种成本总和。

品牌可靠性是指一个品牌应有足够的实力去影响消费者的需求,赢得消费者的信任。一个品牌要拥有自己的市场地位,取得消费者的信任,必须在同行业中有自己的竞争优势。在全球范围内,丰田是一个口碑极佳的汽车品牌,“开不坏的丰田”是车主对它的最真实评价,从皇冠到 RAV4 再到卡罗拉,丰田的超低故障率为它在国际上赢得了无数好印象,很多人将其作为首选。

品牌资产(Brand Equity)是指赋予产品或服务的附加价值。它反映在消费者对有关品牌的想法,感受以及行动的方式上,同样它也反映于品牌所带来的价格、市场份额以及盈利能力。品牌资产是 20 世纪 80 年代在营销研究和实践领域新出现的一个重要概念。20 世纪 90 年代以后戴维·阿克、让-诺埃尔·凯麦洛、凯勒等人逐步提出并完善了基于消费者的品牌资产概念。

品牌知识是消费者记忆网络中与各种品牌联想相关联的认知结点所构成的网络结构。由美国营销学者凯勒于 1993 年提出,并在此基础上发展了基于顾客的品牌资产框架。既包含由认知结点及其强度决定的品牌意识,也包含消费者从品牌联想中感知得到的品牌形象;既来自营销刺激对消费者的客观影响,也来自消费者对营销刺激的主观认识;既涵盖了消费者对品牌的认知,也涵盖了消费者对品牌的情感。比如说提到比亚迪,目前大多数年轻人可能都会想到比亚迪的成就,尤其是在新能源汽车领域,其技术一直处于行业领先水平。品牌核心价值是品牌的精髓,也是品牌一切资产的源泉,因为它是驱动消费者认同、喜欢乃至爱上一个品牌的主要力量。在广告业中,广告并不仅仅只是为了宣传,更多的时候我们能够从中读懂其所蕴含的品牌精髓。

品牌资产来源于消费者反应的差异。而反应的差异源自消费者所拥有的品牌知识,即与该品牌有关的所有想法、感受、印象、体验和信念。品牌必须与顾客建立强大、正向以及独特的品牌联想,如丰田的可靠,红旗的东方风韵。品牌联想是指消费者看到一特定品牌时,从他的记忆中所能被引发出对该品牌的任何想法,包括感觉、经验、评价、品牌定位等,能够影响消费者对该品牌产品的购买决策。品牌联想分为三类:属性联想、利益联想、态度联想。消费者能强烈地联想起与一个品牌相关的属性或者利益,并且相信不能从其他竞争性的品牌中发现这些属性或利益。品牌越强大,带来的收益越多。

品牌定位是企业在市场定位和产品定位的基础上,对特定的品牌在文化取向及个性差异上的商业性决策,它是建立一个与目标市场有关的品牌形象的过程和结果。一个好的品牌定位能够阐述品牌精髓、达成的目标,并揭示如何以独特的方法实现,从而有助于指导营销战略。一个好的品牌定

位既“立足于现在”,又“放眼于未来”。它需要有抱负,这样品牌才有成长和改进的空间。

在汽车市场上,沃尔沃强调“安全与耐用”,菲亚特诉说“精力充沛”,奔驰宣称“高贵、王者、显赫、至尊”,绅宝说“飞行科技”,宝马则津津乐道于它的“驾驶乐趣”,这些都是对品牌的定位。

跨式定位是指竞争扩大或者公司计划延伸到新的品类,20 世纪 80 年代早期,当时消费者看到的美国豪华车性能不高,而高性能的车却不豪华。宝马是唯一一个同时定位于豪华和高性能的汽车品牌。

品牌力是指企业所创造的品牌以产品或服务等为载体,通过企业的一系列营销活动传递给消费者,被消费者感知。消费者对接收到的品牌信息进行认知加工,形成品牌意识和联想,结合自身的特质、偏好形成对品牌的态度,并最终发展建立与品牌的联系。整个过程便是品牌对消费者心智的塑造,影响着品牌后续的市场表现。与此同时,品牌及其所代表的产品、服务等的市场表现也是品牌力的重要组成,更高的市场占有率,更稳定、更高的价格甚至溢价等市场绩效象征着品牌的竞争优势,也同时影响着消费者对品牌的认知、态度。消费者心智与品牌市场表现相互作用,协同发展从而赋予品牌超过其竞争者的强大、持久和差异化的竞争优势的能力,并决定品牌最终所能产生的经济价值。

品牌共鸣指消费者感到与品牌一致的程度,包括在消费者功能、情感需求与品牌所提供的产品功能、情感等价值的匹配性,消费者个性与品牌个性的相似度等方面,反映了品牌与消费者之间的契合度、关系的强度和积极性。品牌共鸣在一定程度上是品牌与消费者建立的最深层关系，目的是使得消费者在心理和行为上与品牌的发展达到同步。品牌共鸣受品牌关系的影响，其受影响的范围与因素广泛且多样。培养品牌共鸣大致分为四个方面：使顾客达到态度依附、购买行为忠诚、积极参与品牌互动、品牌社区归属感。品牌共鸣的实践与研究领域分布在顾客关系，广告以及品牌体验上。

品牌健康度是指一段时间内某品牌的健康程度，主要表现为负面信息对品牌的健康造成的损害程度，负面信息越少损害程度越小，品牌健康度越高。

品牌靶盘是将企业品牌立体化、简单化，让人更容易理解并接受该品牌，如图 5-3 所示。其中内核：品牌真言（一句话说清自己）。第一圈：共同点（抓住行业本质）和差异点（自我独特优势的诠释）。第二圈：证据。外圈：①价值观/个性性格——让用户把品牌人格化、有形化，这样才能帮助记忆；②执行元素/视觉识别——影响品牌如何被看待的更有形的成分。

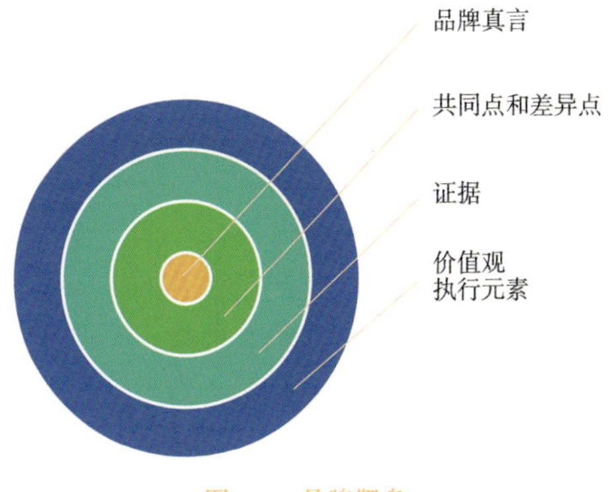

图 5-3　品牌靶盘

品牌真言是品牌核心精神的一种表达，通常很短，利用 3～5 个英文单词组成的短语就可以完美表现品牌内涵的精要和品牌价值的精神，凯文·莱恩·凯勒教授甚至将品牌真言定义为“品牌的灵魂”。耐克的“真正的运动员表现”（Authentic Athletic Performance）、迪士尼的“有趣的家庭娱乐”（Fun Family Entertainment）和麦当劳的“食物、家人和欢乐”（Food, Folks & Fun）的品牌哲学都很好地抓住了品牌精髓和核心品牌承诺，也展示了好的品牌真言的强大力量和效用。

差异点是指消费者能强烈地联想起与一个品牌相关的属性或者利益，并且相信不能从其他竞争性的品牌中发现这些属性或利益。共同点是指不同产品之间所拥有的相同的性质或者功能而这些功能或者性质，能够带来更好的效益。例如海信、美的对于改变标志上，都选择了保留其本身和更加人性化的改变。还有最近比较火的前脸“蝶翼式”的进气格栅，不少汽车都采用了这个设计。

强势品牌，品牌使企业在消费者心中留下投影会很清晰或很模糊，这便产生了强势品牌和弱势品牌，强势品牌具有精准有力的品牌定位和鲜明的品牌个性，知名度较高，影响力大。特斯拉作为新能源汽车品牌，占有较大的市场份额，知名度较高，是强势品牌。特斯拉主要面向具备环保理念的富裕阶层，品牌定位清晰；特斯拉注重打造独特风格，遵循绿色环保理念，技术水平较高，品牌个性鲜明；在目前新能源汽车市场上，特斯拉品牌具有较高知名度，消费者对特斯拉这个品牌的了解也相对较多。特斯拉之所以如此强势，与其擅于品牌叙事分不开。品牌叙事以存在主义的纽带形式把消费者和品牌联系起来，它是品牌力量的基础和源泉。特斯拉是为了上火星而在地球上努力赚钱的公司。这就是特斯拉的价值共识，把商业活动和人类伟大愿景相结合，给品牌制造出了无限光环，让其成为新能源汽车的绝对领袖，在早期吸引了一大批高收入、高知人群的追捧。

品牌营销是通过市场营销使客户形成对企业品牌和产品的认知过程。市场营销既是一种组织职能，也是为了组织自身及利益相关者的利益而创造、传播、传递客户价值，管理客户关系的一系列过程。品牌营销不是独立的，品牌可以通过传统营销和网络营销一起来实现，二者相辅相成，互相促进。世界著名广告大师大卫·奥格威就品牌曾做过这样的解释："品牌是一种错综复杂的象征，它是品牌属性、名称、包装、价格、历史声誉、广告方式的无形总和。品牌同时也因消费者对其使用的印象，以及自身的经验而有所界定。"因此才有了品牌营销这一概念。

第二节　品牌理论发展

品牌营销研究开始于20世纪50年代，众多学者与专家在经历了多年的理论研究与实践后，通过在品牌营销方面的不断探索，取得了很多研究成果，在最开始的时候，品牌营销理论是为品牌建设和传播而提出的，其中较为著名的理论有美国营销专家罗瑟·瑞夫斯的特别销售主张理论、美国广告学大师阿尔·里斯和杰克·特劳特提出的品牌定位理论以及美国营销专家大卫·奥格威的品牌形象理论。

罗瑟·瑞夫斯提出了USP(Unique Selling Proposition)理论，提出了在品牌营销中寻找一种特殊的销售中心理念，并以此吸引消费者,使消费者产生购买产品的念头。这个概念后来被应用到企业的营销实践中去,并取得了显著成效。但是对于该如何建立和管理品牌形象存在着很多不同意见,这就需要进一步探讨研究。大卫·奥格威对品牌形象理论进行了阐述,他认为品牌营销的主要内容就是品牌形象的塑造,所有的活动都要有助于品牌形象的描绘。杰克·特劳特认为品牌定位理论的根本理念是要着力于塑造品牌的预期客户,并将产品的特性定位于预期客户的心目中,使以上预期客户对于产品价值的认识逐步发生变化。

其次是基于营销价值的品牌营销理论。品牌的营销价值是建立在消费者价值或基于消费者价值而生成的品牌资产之上,依靠消费者所感受的服务体验使消费者建立起对品牌的理解与印象,对品牌营销具有重要意义。大卫·艾克撰文《管理品牌资产》指出,品牌资产就是把服务价值与客户价值贯穿起来的有关资产与负债。通过不间断地进行品牌建设与营销,就能创造出品牌资产。在品牌资产的研究领域中,品牌资产的概念被广泛使用。品牌资产包括品牌价值、品牌形象、企业文化和产品或者服务。品牌资产评估的方法也多种多样。凯文·莱恩·凯勒志在《基于顾客来源的品牌资产评估》一书中指出:“品牌的价值是建立在顾客感知的基础上,顾客对品牌营销作出积极反应,并将此称为正的品牌值,反之称为负的品牌值。”

最后,近年来范·瓦特尔斯候特、范·登布尔,其从如何更好地满足客户需求的视角对品牌营销进行了研究,并且在知名著作《品牌营销》中,重点总结了品牌营销的详细而具体的内涵,以及品牌营销延伸部分。另外,罗素·帕森斯发现了同属于一个产品类别的部分品牌中存在差异性,这也是品牌所有者所特有的品牌体验。所以,企业需要重视用户体验,以实现其营销策略。

有关品牌营销的学术文献资料数量丰富,将品牌营销与不同视角、不同主体相结合作为一个全新的视角进行切入研究,常常会得到新的发现。尽管在2019年之后,有关品牌营销的研究有所下降,但是随着新的技术因素如直播、短视频、场景时代等的涌现,品牌营销迎来了全新的发展契机。

第三节　品牌管理流程

如何培养一个优秀的品牌?品牌运营有其科学的流程,需要遵循品牌发展的战略逻辑。本节将结合品牌管理的战略逻辑讨论汽车品牌管理的基本流程,品牌管理流程如图5-4所示。

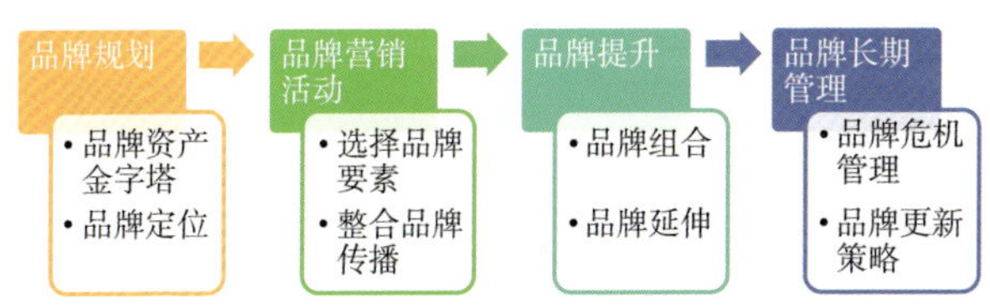

图5-4　品牌管理流程图

第一,创建品牌。这是创建品牌和培育品牌的第一步。在这个部分,汽车企业应该从强势品牌创建的四部曲出发,构建基于顾客品牌知识的品牌资产金字塔,从根本上明确品牌识别、品牌内涵、品牌反应及品牌关系的品牌逻辑,并在分析消费者心智的基础上,进行品牌定位。在本阶段,汽车公司就要确定某一品牌将要面对的消费群体是什么,普通收入群体还是职场精英;要占据的消费者心智是什么,性价比高还是彰显身份地位?

第二,设计品牌营销活动。在这个阶段汽车企业要通过设计一系列的品牌营销活动强化产品在消费者心目中的定位。首先,汽车企业需要确定汽车品牌的要素选择,如品牌名称、品牌标识、品牌音乐、品牌虚拟代言人、品牌故事等,设计满足消费者感官需要的各种品牌符号。其次,汽车企业需要设计整合品牌传播方案,也包括内部的品牌传播和外部的品牌传播。

第三,提升品牌资产。这个阶段汽车企业可以通过一系列的品牌策略提升总体的品牌资产。首先,汽车企业可以通过品牌延伸的方式,拓展本品牌在行业内外的经营范畴。其次,通过品牌组合策略的安排理顺汽车企业内部的品牌架构,借助品牌并购、品牌联合等策略提升企业品牌总体的协同度。

第四,品牌长期管理。这个部分要求汽车企业能从长远的角度管理汽车品牌的发展,汽车企业需要长期通过品牌保护、品牌危机管理等策略确保品牌健康发展;也需要通过品牌更新策略把握品牌不同生命周期的发展与创新,对老化的品牌进行激活与强化。

第六章
汽车品牌战略分析

汽车公司品牌战略目标就是创建品牌、提升品牌价值(品牌力),由此而定义各阶段的品牌营运和品牌阶段目标。汽车公司在确定品牌战略的时候,首先要确定采用单一品牌战略还是多品牌战略。本章首先列举了汽车企业的单一品牌战略的优劣势,然后以奇瑞汽车为例来分析多品牌战略,展现多品牌战略是如何在不同的细分市场打造新的品牌形象来赢得新的消费者。企业要决定其品牌的最初质量水平,并且可以采用不同的方式进行后续的品牌质量管理。汽车企业要想在日益激烈的竞争环境中求得生存并不断发展壮大,就必须研究汽车行业的竞争态势制定出品牌的战略创新策略。可以通过品牌向上、品牌延伸、品牌重新定位来实现品牌创新。

第一节　基于竞争的汽车品牌战略选择

品牌对于大多数企业的产品来说,有着十分重要的意义。品牌战略的实施是要创建品牌以及提升品牌价值。而品牌的形成是一个长期、复杂、系统性的工作。汽车作为消费者在社会身份的象征,汽车公司要想自己的汽车产品得到越来越多人的喜爱,就要建立起属于自己的品牌,增加汽车产品的价值,以此来刺激消费者购买的欲望。

品牌战略是一个长期性的、为达到既定的品牌目标而制定的行动计划。汽车公司品牌战略目标就是创建品牌、提升品牌价值(品牌力),由此而定义各阶段的品牌营运和品牌目标。

品牌由品牌身份和品牌形象组成。品牌身份是品牌的来源(哪个国家)和品牌历史;品牌形象是市场、客户对这个品牌的印象、口碑和与这个品牌所联想到的标签,比如奔驰品牌身份是来源德国,品牌形象是豪华、安全、舒适、技术创新。

品牌战略又分为单一品牌战略和多品牌战略。汽车企业开始多是采用单一品牌战略,比如奔驰汽车,起初主要车型就是 S 级和 E 级,后来逐步增加了 C 级、B 级、A 级、GLE 等车型,这样做的优点是利用现有车型群所支撑的品牌力,使新车型得到类似的品牌售价。但是,当进一步增加的车型无法再从现有车型的品牌里得到相应的品牌售价时,或要挖掘新的目标客户群时,企业就会创建一个新的品牌、赋予新品牌一个品牌身份和品牌目标形象,比如奔驰的 Smart 品牌。近年来涌现出来的造车新势力,如特斯拉,国内的蔚来、小鹏、理想等也都选择了单一品牌战略。原因是目前的产销量较低,还不足以支撑起多品牌战略。

随着我国汽车产业的发展,许多企业纷纷启动多品牌发展战略,欲在不同的细分市场打造新的品牌形象。奇瑞作为国内比较优秀的民族品牌，旗下有着许多汽车子品牌。如1997年创建的奇瑞品牌现在旗下有瑞虎系列、艾瑞泽系列、新能源系列等多系列车型，产品凭借较高性价比受到不少消费者的青睐。2018年奇瑞汽车发布了高端子品牌星途，该品牌以“敢超越”为品牌核心价值，目前星途已经推出了揽月、凌云、追风、TX这几款SUV车型，车辆凭借出色的产品力强势冲击合资SUV车型市场。捷途同样是在2018年推出的，和星途不同的是，捷途最开始只是一个“产品序列”，奇瑞希望采用触点、体验、分享的营销方式将捷途打造成一个“汽车+”的生态圈，不过在2021年7月8日的捷途汽车品牌之夜上捷途产品序列正式升级为捷途汽车品牌，后续也发布了全新的商标。开瑞最早成立于2009年，是奇瑞汽车推出的商用车战略品牌，该品牌主要负责微型客车的研发生产，目前市面上在售的车型主要为新能源面包车，同时也有两款SUV以及一款MPV车型在售，然而这些车型在国内市场上并不吃香，了解该品牌的人非常少，因此开瑞在未来也有很大可能会面临退市。2014年推出的奇瑞凯翼，是主打低端市场的汽车品牌，目前51%的股权已转让，市场反馈不理想。2009年推出的针对高端市场的瑞麒已停产退市；同样在2009年推出的威麟也因为愿意为之买单的消费者少之又少而不得不退市。除了上述几个子品牌之外，奇瑞还曾与以色列集团推出过“观致汽车”，但随后品牌被宝能收购；后来奇瑞还与捷豹路虎汽车合资推出了奇瑞捷豹路虎，是奇瑞目前仅有的合资汽车品牌。2009年成为奇瑞成立十多年来最重要的转折点。奇瑞改变了运行十年之久的“奇瑞”单品牌策略，转而走向多品牌、多渠道的发展路线。是奇瑞品牌战略

对接国际市场的一次全局部署，面向细分市场不断开疆拓土，拥有多款互补车型、多条营销渠道支撑的“大奇瑞”框架日渐浮出水面。

随着汽车产业振兴规划的出台，中国车市被认为是全球最强劲的增长点之一，众多自主车企业为了提升竞争力，从网络、品牌、车型等方面开始进行全面布局。

采用“一个集团、多个品牌、共用平台”战略的汽车企业不在少数，从标致—雪铁龙到现代—起亚，从大众—奥迪到丰田—雷克萨斯，以及上汽集团也开始营造荣威—名爵的双品牌布局。

多品牌共平台布局的优势很明显，节省研发费用、挤占竞争对手空间、分散市场风险、彼此相得益彰。毫无疑问，采用双品牌甚至多品牌战略，正是企业做大做强的捷径。

多品牌差异化竞争看似简单，实际操作中并非易事。同一集团，不同品牌、定位相近的两个甚至多个产品，想要避免市场上的内耗，实现相得益彰、相辅相成，着实是一个难题。同一汽车企业创建一个新的品牌，关键是要有一个清晰的品牌身份和品牌目标形象，更要避免同一企业不同品牌之间相互竞争，比如售价有重叠的部分，这种现象叫同类相食（cannibalization）。另外就是在跨品牌的模块化战略实施中，要做好差异化的工作。在推出多种品牌时，可能每种品牌都只有很小的市场占有率，而没有一个特别盈利的。这样，企业的资源就会浪费在许多片面成功的品牌，而不是集中精力用于少数品牌。在这种情况下，企业必须放弃较弱的品牌，并严格选择可推出的新品牌。

总之，品牌战略是建立在品牌身份、品牌形象的基础上，需要制定长期的工作内容，但有一个贯穿始终的重点，就是质量，这是品牌的脊梁。汽车企业为提升质量进行的投入，也就是对品牌的投入，客户在使用车辆时，更能体现品牌形象的，就是它的质量。

所谓品牌质量，是指反映产品耐用性、可靠性、精确性等属性的综合尺度。

企业首先要决定其品牌的最初质量水平。一般来讲，企业的盈利能力、投资收益率会随着品牌质量的提高而提高，但是不会直线上升。优质产品虽然只会使投资收益率少量提高，而低质量品牌却会使企业投资收益率大大降低。因此，企业应当提供高质量品牌。其次，企业决定其品牌的最初质量水平以后，随着时间的推移，还要决定如何管理其品牌质量。企业有三种可供选择的决策。

(1)提高品牌质量，以提高收益和市场占有率；

(2)保持产品质量；

(3)逐步降低产品质量。

第二节　汽车品牌战略创新策略

中国汽车工业经过 60 多年的发展，已经进入成熟期。面临着产能过剩，行业竞争加剧等问题。如今消费者的选择空间越来越大。消费者买车不仅关注价格，还关注新能源和智能网联技术，更关注售后服务。汽车企业要想在日益激烈的竞争环境中求得生存并不断发展壮大，就必须研究汽车行业的竞争态势，制定出品牌的战略创新策略。可以通过组织流程再造、品牌重新定位来实现品牌创新。

1.组织流程再造

在竞争日益激烈和全球化不断演进的当下,品牌战略创新正成为中国民族品牌面临的一大课题。其核心是通过企业品牌建设,摆脱人们对民族品牌的固有印象,建立起有独特魅力、值得信赖的品牌认知,助力品牌占领用户心智,获得更强的增长动能。

但具体到战略行动上,应如何实施?本节以长城汽车为例,来分析其如何进行品牌创新的。向上生长,往往是从向下扎根开始的。从最底层开始打造企业的能力生态,是价值传导的根基。企业需要对内打造组织能力生态、技术能力生态、对外联结上下游合作伙伴,打造供应链能力生态,为品牌创新提供稳固的底盘。而组织力、科技力、供应链能力本身,也是支撑企业不断向上的基础能力,这些基础能力的提升将成为品牌创新的基础能量来源。首先,长城汽车选择将组织划小。重构公司组织、机构、流程和生态,建立面向全球的“强后台、大中台、小前台”3.0 版本组织架构,形成“一车一品牌一公司”的组织形态,将与一款车有关的人员划分成一个作战单元,直接打通需求端到产品端,战斗在最前线。同时,也让这些听得见“炮火声”的人来自己做决策,中台与后台提供支持,从产品导向转型为用户导向,大大提升了组织的敏锐程度。而在科技能力建设上,长城汽车现在已拥有 4 大智能化组织,其中负责智能化战略的是毫末智行。同时,在氢能产业方面,有致力于可持续发展,能源低碳化、绿色化的未势能源。掌握了这些,长城汽车就掌握了称霸未来赛道的核心竞争力。一手抓内部能力建设,一手拓外部“朋友圈”。在外部供应链管理上，长城汽车不断增加在能源、金融、科技、新业态领域的合作伙伴，构建自己的生态体系。比如，2021 年长城汽车与能源、金融等行业的大公司展开广泛合作，并投资芯片企业加固“护城河”，此外其成立的咖啡智能生态联盟，已成为智能出行圈的新大本营。这些布局都为品牌创新提供了有力支撑。稳固企业生态，提升底层能力后，企业可以更自如地展开交付层的创新，通过产品技术、产品设计、产品品类相关的创新，将底层能力转化为面向消费者的交付价值。在这一环节，消费者也将形成对企业品牌的基础认知。

通过三层能力传导，长城汽车积聚起品牌向上的势能。数据显示，在 2021 年，长城汽车新车销售突破 128 万辆，同比增长 15%，连续六年销量破百万辆。在海外市场，过去一年，长城汽车销售超 14 万辆，同比增长 103.7%，是中国海外年度销量增速最快的品牌。目前，长城汽车整车出口到 170 多个国家和地区，在全球多地成为备受消费者喜爱的品牌。

更值得关注的是，在 2022 年前四个月的销售中，长城汽车智能化车型占比 89%，旗下三大技术品牌销量占比达 66.2%。这是长城汽车实现价值攀升的重要侧写。而据海外媒体报道，长城汽车在海外市场正凭借高质量的服务获取更多的产品溢价，部分车型售价甚至比肩当地豪华品牌的车型，品牌向上建设的成果逐步凸显。

2. 品牌重新定位策略

一个品牌在市场上长久使用会失去人们的新鲜感；当一种产品的相似产品出现之后，可能会混淆消费者的视线，使本企业的产品销量下降。这就客观地要求企业对原有品牌进行重新定位。

长城汽车在细分领域进行深入创新,提供更符合消费者生活习惯与兴趣偏好的产品,这是长城汽车颇为明显的特色,也是长城汽车在汽车品类创新上的领先尝试。以往,同价格段的汽车产品很难说有多少差异化的表现。但长城汽车却通过深耕皮卡、SUV 等细分领域,形成了鲜明的品牌特色。哈弗连续 11 年保持中国 SUV 销量冠军,长城皮卡连续 24 年荣登国内销量第一和出口第一。而近年来陆续推出的“全球更爱女人的汽车品牌”欧拉,和充满铁汉柔情的坦克品牌等,又帮助长城汽车开拓了新的细分品类,受到该领域爱好者的青睐。除了品类创新,近年来长城汽车的技术表现也给不少消费者留下了深刻的印象。仅在过去一年里,长城汽车就发布多项科技,比如之前推出的咖啡智能 2.0,被资深车迷奉为真正能改变智能化浪潮的“王牌”,“大禹电池技术”的问世,在动力电池安全性方面的重大突破,既解决了行业痛点难题,也缓解了车友们的安全焦虑……从用户实际需求出发,结合用车场景,着眼核心痛点,长城汽车通过产品技术创新,找到了与用户对话的新方式。

实际上,作为企业与消费者直接沟通的载体,产品层面的表现决定了消费者对品牌的初始印象,也决定了品牌创新的起始高度。在完成基础能力与产品交付层的建设后,企业最终来到品牌价值建设以提升溢价空间的环节。长城汽车在“绿智潮玩嗨世界”使命愿景下,其发布的“绿智潮玩”战略便是企业引领行业与消费者前行的方向。以低碳产业链、全智能出行体验、充满价值认同感的体验、志趣相同的社区文化四大战略方向，长城汽车在科技、绿色、人文领域的愿景画卷徐徐展开。

如今，长城汽车已成为中国新能源汽车产业链布局最广的企业之一，在智能化领域也正加大投入，或自研技术，或对外投资，为实现“绿智潮玩嗨世界”的使命愿景而加速前进。2023 年，长城汽车的绿色化进程将进一步加快，预计会建成首个零碳工厂，并推出第一款全尺寸氢燃料电池轿车。氢能是重要的清洁能源之一，长城汽车在这方面布局也不遗余力，旗下的未势能源正在加快布局氢能一体化产业链，预计到 2025 年，占据全球氢能市场前三名，帮助长城汽车尽早实现绿色愿景。长城汽车倾力打造潮流可玩的品牌形象，拉近与用户的心理对话，也在社会公益中打破捐款式的传统慈善模式，旗下坦克品牌发布《坦克公约》，以行业发声者号召全员参与公益，与消费者共同建设美好家园。

第七章
基于顾客的汽车品牌创建

本部分主要包括两个内容：基于顾客的汽车品牌资产和汽车品牌创建的四步曲，重点研究了汽车公司如何创建自己的强势品牌。第一，界定了基于顾客的品牌资产的内涵，并重点讨论了基于顾客的品牌资产来源：品牌认知和品牌形象。第二，重点分析了汽车品牌创建的四步曲：

第一步，确保消费者对品牌产生认同，确保在消费者的脑海中建立品牌与特定产品类别、产品效益或顾客需求之间的联系。

第二步，战略性地把有形、无形的品牌联想与特定资产联系起来，在消费者心智中建立稳固、完整的品牌含义。

第三步，引导消费者对品牌作出适当反应。

第四步，将消费者对品牌的反应转换成品牌共鸣，建立消费者和品牌之间紧密、积极、忠诚的关系。

第一节　基于顾客的品牌资产

品牌所具有的意义非常重要，它的价值远比产品本身的含义更为广泛。优秀的品牌对消费者和公司都具有重要的作用,见表7-1。

品牌的作用 表7-1

品牌对消费者的作用	品牌对公司的作用
识别产品的来源	简化处理或追踪的识别工具
追溯制造商责任的依据	合法保护产品独特性的工具
减少风险	满足顾客质量要求的标志
降低搜寻成本	赋予产品独特联想的途径
产品质量的承诺、契约	竞争优势的源泉
象征意义	财务回报的来源
质量信号	—

品牌指明了产品的来源或生产商,使消费者能明确辨识具体生产商或经销商。最重要的是,品牌对于消费者具有特殊意义。基于对产品的既有体验以及多年的购买经验,消费者知道哪些品牌能满足他们的需求,哪些品牌不能。因此,品牌成为顾客简化购买决策的捷径。

对于公司来说,品牌也有极其重要的作用。品牌起到了识别的作用,使公司能够对产品的独特性能或独特设计进行法律保护。品牌享有知识产权,保护了品牌拥有者的法律权利。商标注册可以保护品牌,通过专利可以保护生产工艺流程,通过版权和设计可以保护包装。这些知识产权保证公司可以安全可靠地投资于其品牌,并从这个有价值的资产中获利。尽管产品生产的工艺流程以及产品设计极易模仿,但多年的营销活动以及使用产品的经验在消费者心目中所留下的持久印象是难以复制的。品牌忠诚度能为企业的需求提供预期性和安全性，形成进入壁垒，从而使其他公司难以进入这个市场。对于公司来说，品牌代表了一份宝贵的合法资产。

1.基于顾客的品牌资产内涵

市场中的强势品牌是如何形成的？公司该如何创建属于自己企业的强势品牌？这是所有的公司都关心的两个重要问题。要回答这两个问题，我们首先要理解基于顾客的品牌资产是什么，主要的来源有哪些，公司如何通过营销活动提高品牌资产。

理解顾客的需求和要求并设计产品与方案来满足他们，是成功营销的核心所在。因此，从基于顾客的角度来解释品牌资产以及如何才能更好地创建、评估和管理品牌资产具有更加实际的意义。公司的营销者总是面临着两个重要的基本问题：不同的品牌对顾客来说意味着什么？顾客所拥有的品牌知识将如何影响其对营销活动的反应？一个品牌是否强大取决于顾客在长期经历中，对品牌的所知、所感、所见和所闻。换句话说，品牌存在于顾客的心智之中。营销者在建立强势品牌时面临的挑战是：确保消费者能够对产品、服务以及相应的市场营销方案有恰当的体验，从而使顾客把其期望的思想、感情、形象、信念、感知和意见等与品牌关联起来。

基于顾客的品牌资产（customer-based brand equity，CBBE）即顾客品牌知识所导致的顾客对营销活动的差异化反应。当某个品牌被消费者识别出来后（相比无品牌或者虚构品牌），消费者会更偏爱该品牌的产品时，该品牌就拥有积极的基于顾客的品牌资产。若某个品牌拥有积极的基于顾客的品牌资产，则顾客更容易接受该品牌的品牌延伸，从而减少顾客对价格上涨和广告投入削减的敏感程度，或者使顾客更愿意在新的分销渠道中找到该品牌。

基于顾客的品牌资产的定义有三个重要组成部分：差异化效应、品牌知识、顾客对营销的反应。首先，品牌资产源于顾客的差异化反应。若没有差异产生，该品牌产品就会被看作普通商品或者是该产品的同类产品，竞争则更趋于建立在价格的基础之上。其次，这种差异化反应来源于顾客的品牌知识，也就是顾客在长期的经验中对品牌的所知、所感、所见和所闻。因此，尽管品牌资产受公司营销活动的影响，但最终还是取决于现有顾客和潜在顾客对品牌的认知。最后，构成顾客对品牌资产的差异化反应，表现在与该品牌营销活动各方面有关的顾客观念、喜好和行为中。

2. 基于顾客的品牌资产来源

顾客品牌知识的构成遵循联想网络记忆模型，储存在消费者心智中的品牌知识，是由品牌节点与节点之间的链环构成。凯勒以记忆联想网络模型为理论基础，提出品牌知识是由品牌认知（Brand awareness）与品牌形象（Brand image）构成的。只有当公司的消费者对公司品牌有了较高的认知度和熟悉度、并形成了一定的品牌联想时，基于顾客的品牌资产才能形成。

(1)品牌认知。品牌认知(Brand awareness)是品牌资产的重要组成部分,它是衡量消费者对品牌内涵及价值的认识和理解度的标准。品牌认知涉及的是品牌名、品牌标识、品牌包装、品牌标语、品牌代言人、品牌定价等信息在消费者心智中被储存的广度和深度。品牌认知是公司竞争力的一种体现,有时会成为一种核心竞争力,特别是在大众消费品市场,各家竞争对手提供的产品和服务的品质差别不大,这时消费者会倾向于根据品牌的熟悉程度来决定购买行为。品牌认知是由品牌再认(Brand recognition)和品牌回忆(Brand recall)构成的。

品牌再认是指消费者通过品牌暗示确认之前见过该品牌的能力。比如,消费者在某个场景看到了“长城”的车标,有能力快速识别出这个汽车品牌是他之前见过的品牌。

品牌回忆是指在给出品类、购买或使用情境作为暗示的条件下,消费者在记忆中找出该品牌的能力。比如,对“长城”汽车的品牌回忆,是指当消费者想到汽车这类产品的种类或想要购买某种性能汽车时,消费者都能在记忆中想到“汽车”这一品牌。对于汽车品牌来说,建立品牌回忆至关重要。消费者会主动寻找汽车品牌,以便在适当的时候将品牌从记忆中搜寻出来。同时,品牌回忆还有助于品牌在消费者品牌评价和选择中让某一汽车品牌胜出。因此,在构建汽车品牌的过程中,提升汽车品牌的认知度非常重要,建立有针对性的、独特的品牌识别更重要。

(2)品牌形象。品牌认知影响品牌联想的形成及强度,而品牌联想是构成品牌形象的因素。为了创建品牌形象,首先需要在消费者记忆中建立品牌节点。品牌节点的属性影响消费者如何简便地学习和存储品牌联想。品牌形象是消费者对品牌的所有联想的集合体,它反映了品牌在消费者记忆中的图景。优秀的品牌总能在消费者心智中扮演某个形象、占据某个独特位置。例如,消费者看到“沃尔沃”的任何一项品牌要素都能唤起消费者对于“沃尔沃”品牌“安全”的品牌形象。

积极的品牌形象可以通过营销活动将强有力的、独特的和消费者偏好的品牌联想与品牌在消费者脑海中的记忆联系起来而建立。品牌联想通常可以包括品牌属性层面联想和品牌利益层面联想。品牌属性主要是指反映产品或服务特征的描述,比如,汽车品牌的属性可能表现为汽车品牌的产品规格、使用材料、外观设计等。而品牌利益是指消费者从产品或服务中获取的价值或利益。利益往往是消费者对品牌的真正需求。汽车品牌的利益可以表现为功能利益,如汽车品牌的物理特性或功效;也可以表现为象征利益,如汽车品牌能带给消费者的社会地位提升等。

综上,基于消费者的品牌资产来自品牌知识。要形成品牌知识,企业的营销人员必须让消费者对品牌有高度的品牌认知度,并对品牌产生强有力的、独特的和消费者偏好的品牌联想。

第二节　汽车品牌创建的四步曲

根据凯文·凯勒的理论,构筑基于顾客的强势品牌需要遵循四个逻辑阶段,理论界通常称为品牌创建的“四步曲”:

第一步,确保消费者对品牌产生认同,确保在消费者的脑海中建立品牌与特定产品类别、产品效益或顾客需求之间的联系。

第二步,战略性地把有形、无形的品牌联想与特定资产联系起来,在消费者心智中建立稳固、完整的品牌含义。

第三步,引导消费者对品牌作出适当反应。

第四步,将消费者对品牌的反应转换成品牌共鸣,建立消费者和品牌之间紧密、积极、忠诚的关系。

这四个步骤实际上也体现了任何一个行业里面的消费者都普遍关心的关于品牌的基本问题:

你是谁?(品牌识别)你是干什么的?(品牌含义)你是怎样的?我对你有什么感觉或看法?(品牌响应)你和我的关系如何?有怎样的联想和多少的链接我才愿意与你一起?(品牌关系)。

同时,在逻辑上,前面四步的顺序是从品牌识别,到品牌含义,到品牌响应,再到品牌关系。这种逻辑次序是无法改变的,只有在建立品牌识别之后,方可考虑品牌意义;而只有在确定正确的品牌含义之后,才可能有品牌响应;也只有在引导适当的品牌响应之后,才可能建立品牌关系。换言之,这四个阶段的每一步都基于前一步的成功,如图 7-1 所示。本节的重点也是以品牌创建的四步模型为依据,讨论如何创建强势的汽车品牌。

1. 提升汽车品牌的显著度

提升品牌显著度(Brand salience),也就是建立显著的品牌识别。品牌显著度表明了品牌在消费者心智中的凸显地位，品牌认知程度就是品牌显著度的一个重要指标。品牌认知是在不同情形下顾客回忆与再认品牌的能力，是将品牌元素与产品类别、品牌联想、消费和使用情境四个维度结合起来的综合体现，如图7-2所示。

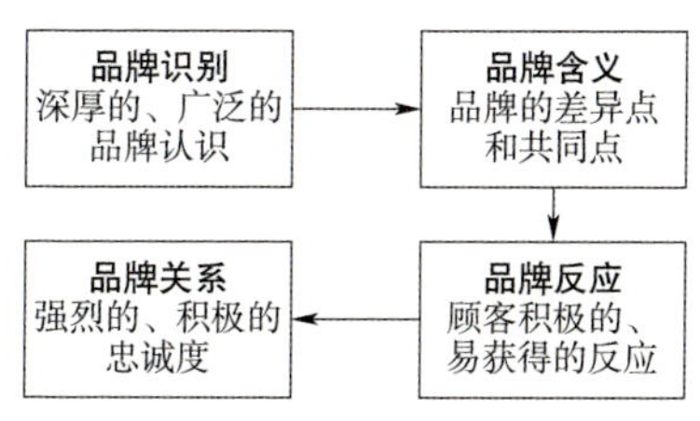

图7-1　不同阶段品牌建设的步骤与目标

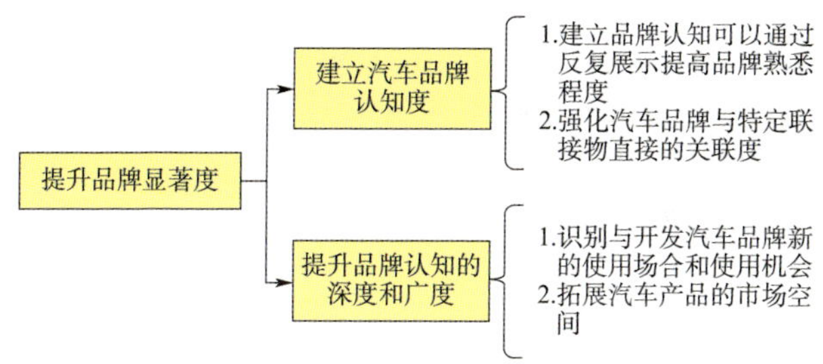

图7-2　提升品牌显著度工具包

(1)建立汽车品牌认知度。建立品牌认知度能够帮助顾客了解品牌竞争的范围和类别，也能使顾客更清楚地确认该品牌能够满足其主要的需求。那么，汽车企业应该如何建立自己的品牌认知呢？

品牌专家都认为，品牌认知可以通过反复展示提高品牌熟悉程度来建立。因此，在建立品牌认知的阶段，汽车企业应尽量寻找多渠道、多时空的机会，通过让消费者更多地看、听、想、试驾等方式积累更多的品牌体验。消费者获得的品牌体验越多，品牌就越可能在消费者记忆中牢固地树立起来。任何可以使消费者体验到品牌要素的事物，例如汽车品牌的名称、标志、商标、特点、品牌音乐、标语（包括各类广告与促销、赞助与事件营销、宣传与公共关系以及户外广告），都能提高对该汽车品牌元素在人群中的熟悉程度及其知名度。此外，可强化的品牌元素越多越好。汽车企业应根据自身的战略发展需求，多参与符合汽车品牌定位的各类车展，各项目标消费者参与的活动，通过目标群体高频介入的媒体发布各类相关汽车品牌信息，相关影视植入等。汽车品牌也可以通过次级品牌联想来提升品牌的认知度。如，赞助某些活动，聘请符合品牌定位的知名品牌代言人等方式。

2022 年 8 月 18 日上午，“看见中国汽车”品牌巡礼全国行常州站活动在理想汽车常州基地举行，“看见江苏汽车”同步启动。“看见中国汽车”品牌巡礼全国行是由工业和信息化部发起并指导，主流中国汽车品牌参与的汽车行业全国性活动，是“中国汽车品牌向上发展专项行动”的重要构成部分。理想汽车是全国行活动的第三站。活动中，理想 L9 首台量产车下线，这是理想汽车第二款旗舰车型，定位为家庭智能旗舰 SUV。“看见江苏汽车”品牌提升行动启动，聚焦动力电池、智能网联汽车、燃料电池汽车等领域重点企业，讲述汽车品牌故事、展示品牌成就，助力江苏汽车品牌做大做强。

强化汽车品牌与特定连接物直接的关联度。通过重复可以深化汽车品牌的再认，但是提高品牌回忆却需要在记忆中将产品品类或其他购买、消费线索进行连接。因此，汽车品牌标语或者广告词的设计也要考虑能够将汽车品牌和恰当的消费线索联系起来,其他诸如标识、符号、特性和包装的品牌元素也有助于品牌回忆。品牌与品类的匹配方式(如广告口号),也会很大程度上影响汽车品牌品类连接的强度。对于那些有较强产品类型联想的品牌,如汽车品牌“比亚迪”,消费者一想到这个品类(电动汽车)就会想到这个品牌。

但是,单一的品牌知名度的提升并不意味着品牌认知度的提高。许多商家试图通过所谓的震撼人心的广告画面和稀奇古怪的主题来创造产品知名度。这些方法某些情况下或许能够达到短期提升品牌知名度的目标,但是这种方法仍然存在问题。如果汽车产品在广告中不够突出,这种品牌知名度的提升对品牌认知度而言,意义不大。我们经常看到一些汽车广告会演变为荧幕上的“大片”,在各种消费者很少去的场景里,做着平时开车时不会做的惊险动作,各个片段一闪而过后,念出几段广告语,广告便戛然而止。这种广告本质上已经失去了“广告”的精髓。虽然广告场景绚丽、车技精湛,但是这样的广告放完,消费者对汽车品牌车型的特点并不清楚,更不用说留下深刻记忆了。哗众取宠或震撼人心的广告不一定能创建强有力的品类联系。

(2)提升品牌认知的深度和广度。品牌认知的深度是指品牌及其元素被人们从脑海中提取出来的可能性以及难易程度。一个不用提示或稍加提示即可回忆起来的品牌比一个需要具体呈现产品才能被识别的品牌具有更深的品牌认知,也意味着消费者能快速地将某一汽车品牌与产品类别(汽车领域的垂直细分市场,如SUV,跑车等)、品牌联想(与品牌有关的联想,如性能安全,性价比高等)、消费和使用情境(日常代步、越野旅行等)等连接起来。因此,汽车品牌认知的深度同样需要企业在建立品牌认知后,在日常营销中强化品牌与特定连接物的关联性,提升品牌认知的深度。

品牌认知广度是指在消费者记忆中,品牌与消费场景联系的范围。对于多数品牌而言,企业应该首先考虑的不是品牌是否被记忆,而是品牌是在何时何地被记忆,以及记忆的容易程度与频率。较窄的广度意味着消费者将该品牌限定在较少的使用场合,从而减少了品牌的使用数量。

拓展汽车品牌认知的广度也可以通过以下两个途径:第一个是识别与开发汽车品牌新的使用场合和使用机会,拓展汽车产品的市场空间。第二个是识别与开发新的使用方法。2022 年 7 月 19 日,小鹏汽车董事长何小鹏在其个人社交账号上发布的小鹏汇天旅航者 X2 飞行汽车测试视频,迅速在网络上发酵。8 月 2 日,小鹏汽车与阿里合建的自动驾驶计算中心落地,“到 2025 年小鹏汽车每年的算力费用会超过 10 亿元”,同时小鹏汽车将进入到真正的自动驾驶时代。小鹏汽车的一系列动作都在其品牌认知上增加了“智能化”的品牌标签,增加更多的产品使用的方法和机会。

2022 年 8 月 16 日,由上汽人工智能实验室(上汽 AI LAB)主办的“新驾乘,心出行 · 助力 AI 创新港—SAIC AI LAB 高级别自动驾驶 2.0 技术架构发布会”在上海临港举行。上汽 AI LAB 高级别自动驾驶 2.0 技术架构由上汽 AI LAB 自主研发,其搭载面向量产的新一代多传感器深度融合方案,具备优质的感知精度和视域广度、优秀的长尾场景的应对能力，感知系统与车辆集成度更高，更好地实现了美观、安全性。该方案充分整合上汽集团产业链优势资源及强大技术实力，实现以业务驱动为主的技术成果转化，推动自动驾驶在城市场景中的规模化落地应用，促进临港地区的智能化、网联化、规模化发展，为未来建立临港“无人出租”业态场景打下基础。基于多年在自动驾驶领域的积累，上汽集团人工智能实验室为本次发布的高级别自动驾驶 2.0 技术架构提供了自主研发的软硬一体 L4 级别自动驾驶解决方案。

通过高冗余硬件方案以及超过 600TOPS 高算力计算单元实现安全、舒适自动驾驶体验。整套系统建立全流程数据驱动的算法，高效地闭环自动化仿真工具链，打通量产整车与自动驾驶数据传输与技术融合，为 L4 自动驾驶提供海量数据支持，助力自动驾驶技术自动化快速迭代。同时，上汽 AI LAB 高级别自动驾驶 2.0 技术架构支持远程驾控系统，通过多路摄像头与车身的传感器，驾驶员可以在控制室通过远程下发指令或接管车辆，保障车辆在路面自动驾驶的安全。远程驾控技术的推出为未来组建“真”无人驾驶车队增添可靠的安全保障。上汽 AI LAB 还发布了全新的智能座舱，将驾乘体验提升到了新维度，通过软硬件协同能力，实现听觉、视觉、触觉的多维度交互，为用户打造“沉浸式”座舱体验。用户可通过手机一键叫车，与城市出行无缝链接。上车前，用户还可远程控制车内环境，如车内温度、音乐等，全方位实现“精致出行”。同时，车内还配备了智能语音助手——“小可”，用户可直接语音唤醒助手“小可”来发送指令，通过对话快捷实现信息娱乐、车窗控制、空调调节等功能，给乘客带来更加人性化、智能化的座舱体验，轻松畅享舒心体贴的智慧旅途。

2. 丰富汽车品牌内涵

提升汽车品牌的认知度对于中国汽车品牌具有更为重要的意义。中国的消费者对于汽车品牌知名度的关注更高。高频广告曾经是打造品牌知名度的不二选择,但今天移动互联网时代的媒体更加多元化,企业也有了更多的路径提升品牌的显著度。

汽车品牌具备了高的品牌认知度,可以促使消费者在购买或使用汽车的场景中想起该品牌,也能够在一定程度上提升消费者对该汽车品牌的购买意愿,甚至于实际的购买行为。汽车企业应该重视提升品牌认知度,提高品牌在市场中的显著程度。但是,仅具备了高的品牌显著度还不够,因为消费者还会考虑其他因素,如品牌内涵。创建品牌含义包括建立品牌形象,也就是品牌具有什么特点以及它在消费者脑海中所代表的含义。凯文·凯勒认为品牌内涵来源于两类品牌联想:品牌功效和品牌形象。提升品牌内涵工具包,如图 7-3 所示,下面将会讨论汽车品牌如何通过提升“品牌功效”和塑造“品牌形象”两个方面提升自身品牌内涵。

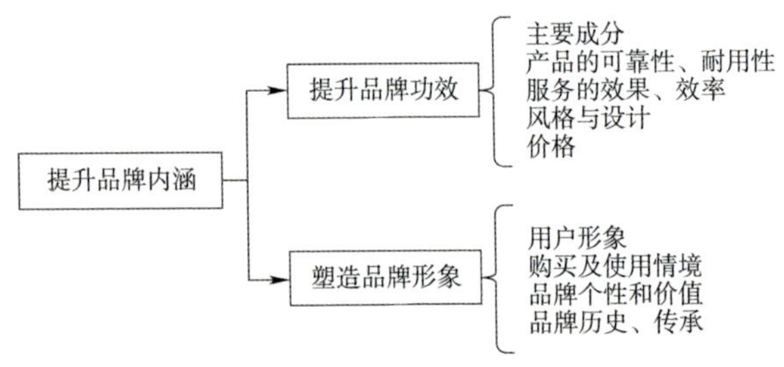

图 7-3　提升品牌内涵工具包

（1）品牌功效（brand performance）。所有的营销专家都会告诉企业：产品本身才是品牌资产的核心。没有产品，品牌就失去了它存在的空间。因为产品是消费者获得品牌信息的直接信息来源，直接影响消费者的体验，也影响消费者从其他消费者那里获得的该品牌相关信息。在营销中，我们认为产品不仅包括有形产品，还包括无形的服务，它是设计和提供能完全满足消费者需求和欲望的所有产品。产品不能满足消费者的需求，任何后续的活动都不会成功，更不用奢望创造未来的品牌忠诚。

品牌功效是指产品或服务满足顾客功能性需求的程度。品牌功效超越了产品本身的成分和特点，还含有品牌差异化的维度。品牌功效一般包括五类属性，见表7-2。

汽车品牌功效线索表　　表7-2

属性	汽车品牌功效线索
主要成分	主要部件，如轮胎，车窗，内饰
产品的可靠性、耐用性	汽车的性能稳定
服务的效果、效率	4S店服务的规范性和有效性
风格与设计	独特的设计风格
价格	汽车的中高低端品牌定位

下面将结合汽车品牌的特点讨论如何提升汽车品牌功效。

第一，主要成分。消费者通常对产品主要成分的性能水平（低、中、高或非常高）有自己的看法，有些人对产品的特殊成分、专利情况还有一定的了解。某些属性是产品发挥效用或功能的必要成分,但有些补充属性则可以实现定制化或更多功能的个性化用途。当然,这些会随着产品或服务所属品类的不同而有所变化。对汽车品牌来说,主要的成分可以从主要的零部件,尤其是那些能够影响消费者购买意愿的部件考虑。如,高品质的汽车轮胎能让消费者产生汽车使用安全的感知;环保内饰带给消费者的是品牌环保、健康的理念。

第二,产品的可靠性、耐用性。可靠性衡量从一次购买到另一次购买期间产品性能的一致性,耐用性则是产品的预期经济寿命。汽车对于家庭消费者来说,属于大件消费,产品的可靠、耐用以及享受服务的便利性非常重要。对于汽车品牌来说,严控产品质量,对于问题车辆的售后和处理直接影响了潜在消费者对品牌功效的理解。

第三,服务的效果、效率。对于服务,顾客通常会产生与功效相关的联想。服务效果反映了品牌满足顾客服务需求的程度,服务效率则反映服务的响应速度。影响产品功效感知的因素包括:产品交付和安装的速度、服务时的礼貌和友善程度,以及售后服务的质量和时间。汽车品牌需要规范管理 4S 店的服务流程,给消费者提供更加便捷的服务,这直接影响了消费者的使用体验,也影响了消费者对品牌功效的满意度。

第四,风格与设计。设计具有影响功效联想的功能。除了产品功能,顾客还可能对类似产品尺寸、形状、材料以及颜色等产品美学方面的因素产生联想。因此,品牌功效还与产品的感官因素相关,如产品给顾客的视觉和感觉体验。近年来,汽车设计在国内越来越火,这得益于设计软件的进步和互联网科技的发展,但更重要的是市场导向促使各大车企越来越重视设计的重要性,消费者更愿意选择“实用且好看”的产品。

比亚迪一早就意识到没有好的设计很难在市场中脱颖而出。比亚迪的车型都是以中国朝代命名的,比如秦、唐、宋、元等,注册了从夏到清全部12个以朝代命名的商标,每一款车型的基本款就有12款。汽车设计师艾格加入后,为了实现机器识别的外观,艾格带领比亚迪设计团队打造了王朝概念车Dragon Face(龙颜)。王朝概念车的设计既融入了中国文化,又完美体现了未来科技。

第五,价格。汽车品牌的定价策略会在顾客心智中形成昂贵或者廉价的联想,以及该品牌是否经常打折促销等。价格是一个特别重要的功效联想,因为顾客会根据不同品牌的价格形成产品的品类知识。消费者将品牌归类为“低价位”汽车,消费者对于该品牌的功效联想也会相应建立。

(2)品牌形象。品牌内涵的另一种类型是品牌形象。品牌形象与产品或服务的外在属性有关,也包括品牌满足顾客心理和社会需求的方式。品牌形象是指人们如何从抽象的角度,而不是从现实的角度理解一个品牌。因此,品牌形象更多的是指品牌的无形元素。一个品牌会有许多种无形资产,以下四类尤为重要,如表7-3所示。

汽车品牌形象线索　　表7-3

品牌形象来源	汽车品牌形象线索
用户形象	汽车品牌用户画像
购买及使用情境	汽车的主要用途
品牌个性和价值	汽车品牌的品牌个性
品牌历史、传承	汽车品牌母公司的国家、企业形象等

第一,用户形象。消费者会通过某一汽车品牌的用户画像来构建自己对于该品牌的品牌联想。使用者为商务人士还是普通的大众,男性还是女性,这种品牌形象一般会在现实用户或更多的潜在用户中产生心理图景。用户也许会把对典型或理想的品牌用户的联想建立在人口统计因素或者抽象的心理因素基础之上。现实的人口因素可能包括:性别、年龄、种族、收入水平等。而抽象的心理因素可以包括对生活、职业、社会问题的态度等。而这两项因素都是来自消费者对于某汽车品牌用户形象的刻板印象。

第二,购买及使用情境。特定使用情境的品牌联想与使用该汽车品牌的时间有关(日常通勤,假期旅游),与地点有关(市内驾驶,户外越野),与在何种活动中使用有关(正式或非正式)。

第三,品牌个性和价值。通过顾客体验或营销活动,品牌也同样传递出个性特质或人类价值。汽车品牌也如人,也会呈现出不同的个性。品牌个性可以是真诚、激情、能力、成熟和粗犷等。

上述三项,汽车企业均可以通过营销的方方面面来建立。最常用的方式就是各类整合营销传播方案。营销传播和广告不仅会影响消费者对汽车品牌个性的理解,也会影响消费者对广告中的用户或使用情境的推断和判断。例如,汽车公司可以通过人格化和产品动画技术,利用广告中的用户形象等来赋予品牌个性特征。汽车广告中代言人以及广告所激发出来的感情或感觉等,都会影响品牌个性和消费者对产品形象的判断。

2020 年 4 月 10 日上午,宝马中国官微正式宣布易烊千玺成为 BMW 的新生代代言人，也是中国地区的首位代言人。对于宝马整个品牌来讲，易烊千玺的商业价值能够很好地塑造宝马新生代群体中的形象，符合宝马所倡导的运动年轻化理念，宝马所选择的形象代言人展现了它们对年轻市场的展望，与整体的战略发展非常契合。

第四，品牌历史、传承。汽车品牌的历史包括母公司的传承及一些特定的重要事件容易产生顾客的品牌联想。在营销活动中，汽车的颜色、生产汽车的公司或人、汽车品牌的原产国、汽车销售的渠道类型、品牌赞助的事件、品牌代言人等，都会产生品牌联想。这些也将成为重要的影响汽车品牌形象的因素。

韩国现代在进入中国时，就确定了“由低到高”的路线，从瑞纳、伊兰特到后来稍高端的索纳塔，都有着不错的销量。但其旗下的高端豪华品牌捷恩斯在国内市场一直未见起色。主要原因就是现代汽车公司的公众形象已经被钉在了中低端市场上，想要向上发力困难重重。

综上，品牌联想可以直接形成，如顾客通过与品牌打交道的亲身经历，即消费者通过实际体验某一汽车品牌而产生品牌体验；也可以间接形成，如通过汽车公司的广告、参与的公关活动或者其他信息渠道（如口碑）。与品牌功效或品牌形象相关的联想，都会变成与汽车品牌本身相关联的各种联想，形成汽车品牌独特的品牌联想。如果某一汽车品牌能建立强有力的、消费者偏好的和独特的品牌联想，它们就能产生最积极的品牌响应。

3. 优化汽车品牌响应

对于汽车品牌来说，拥有强有力的、偏好的、独特的品牌联想非常重要,这能够帮助汽车品牌在市场中占据更强的消费者阵地。所有强势品牌都会创建强大的品牌联想以助于提升消费者对品牌的判断和感受,而这两项构成消费者的品牌响应,或者说加深顾客对品牌的感知。品牌响应可能通过品牌判断或者品牌体验来区分。下面我们来分析汽车品牌如何形成良好的品牌响应,工具包如图 7-4 所示。

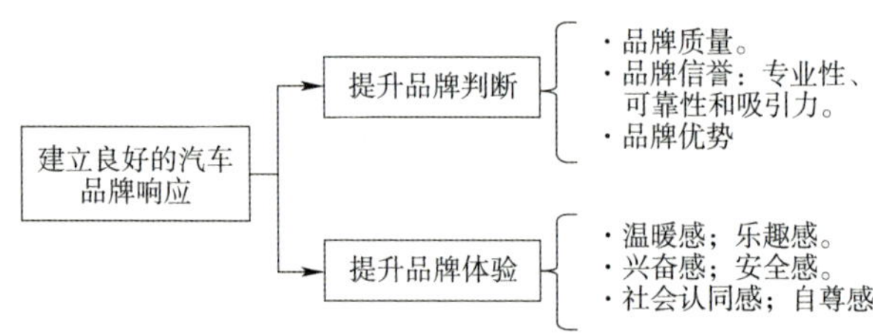

图 7-4 建立良好汽车品牌响应工具包

(1)品牌判断。品牌判断主要是指顾客对品牌的个人喜好和评估,这种品牌判断通常包括态度和行为两个方面,态度会转化为行为。品牌功效和品牌形象都会影响消费者的品牌判断。比如,一个汽车品牌的安全性能会影响消费者的品牌判断,而这个品牌所代表的“年轻、时尚”的品牌形象,也会影响消费者的品牌判断。总结起来,对汽车品牌而言,主要可以通过三个方面来改善消费者的品牌判断。

第一,品牌质量。品牌态度是指消费者对品牌质量的整体性评价,这也是消费者选择品牌的基础。我们认为消费者的品牌态度主要依赖于品牌的具体属性和利益。例如,消费者对吉利汽车的品牌态度,依赖于消费者对该汽车品牌是否有特定的联想,如车型特征、外观和内饰设计、驾驶的舒适度、油耗高低、售前售中售后服务、安全性能和价格等。当然,我们必须清楚消费者对品牌质量的认知是感知质量,感知质量并非客观的判断。消费者对汽车品牌的感知质量可以通过不同途径获取,比如,消费者试驾过程中,座椅、转向盘、仪表台及各类按钮的触感是否舒适,消费者也可以评价采用的材料软硬程度是否舒适,表面工艺制造是否平顺等。比如座椅作为驾驶员及乘客都接触最多的区域,其不仅需要面料的品质感,还需要有良好的包覆等提高触感的舒适。消费者也可能会感知到的噪声及车内娱乐系统的视听效果,噪声通常来源于发动机噪声、底盘噪声。汽车品牌需要通过一定的技术手段降低车内噪声,将噪声降低至顾客可接受甚至感到舒适的状态。车内空间小而封闭,娱乐系统的音响是否高级很容易判断。另外,汽车内饰中的皮革、胶水、塑料、漆膜、地毯等发出的令人不愉快的异味,这也会影响消费者对汽车品牌的质量感知。

第二,品牌信誉。品牌信誉是指顾客根据专业性、可靠性和吸引力三个指标判断该品牌的可信程度。具体到汽车品牌,品牌可以尝试回答下面三个方面的问题:

品牌专业性。该品牌是否具有能力和创新性?是不是市场的领导者?

品牌可靠性。该品牌是否可依赖,并把顾客利益放在重要位置?

品牌吸引力。该品牌是否有趣,值得消费者付出时间?

比如,在新能源汽车市场,自己的品牌是否是市场领导者?再具体到某一特定市场,中低端新能源汽车市场中,自己的品牌是否是市场领导者?品牌信誉反映了顾客是否认为品牌背后的公司或组织是优秀的,公司是否关心顾客及其消费偏好。这对于消费者的品牌判断影响很大。

第三，品牌优势。品牌优势是指顾客认为一个品牌比另外一个品牌更为独特的程度。汽车品牌是否有能力让顾客相信自己的品牌具有其他品牌所没有的优势？企业所拥有的这一品牌优势是否是消费者看重的某一属性或利益？是否能对消费者的品牌态度或品牌购买行为产生一定的影响？这些品牌优势都是独特的品牌联想。

(2)品牌体验。品牌判断基于品牌质量、品牌信誉和品牌优势而形成，更多强调的是基于消费者的“理性”判断。而品牌体验更强调是主观和内在的态度反应和行为反应。哥伦比亚大学教授伯恩德·H·施密特在《体验式营销》中指出，体验是指个体对某些刺激产生回应的个别化感受。体验通常是由对事件的直接观察或是参与造成的，是人们内在的个性化的东西。约瑟夫·派恩认为，体验事实上是当一个人达到情绪、体力、智力甚至是精神的某一特定水平时，在他意识中所产生的美好感觉。体验式营销突破传统上“理性消费者”的假设，认为顾客消费时理性与感性兼具，体验营销就是通过消费者的感官、情感、思考、行为、关联五个原则，与消费者建立有价值的客户关系。品牌体验主要有六种主要类型，如表7-4所示，汽车品牌应该思考自己的品牌应该给消费者建立怎样的品牌体验。

品牌体验类型　　表7-4

品牌体验	品牌表现	汽车品牌举例
温暖感	品牌能让消费者有一种平静或安宁的感觉	大众、吉利

续上表

品牌体验	品牌表现	汽车品牌举例
乐趣感	让消费者感到有趣、轻松、开心、好玩、愉悦等	小鹏汽车、特斯拉
兴奋感	让消费者充满活力，并感到他们正在做一些特别的事情	法拉利
安全感	品牌能给予消费者安全、舒适和自信的感觉	沃尔沃
社会认同感	品牌能够给消费者一种信念，觉得周围人眼里的自己看起来言行举止都很棒	劳斯莱斯
自尊感	能让消费者觉得自己很优秀，他们会有一种自豪感、成就感或满足感	红旗

虽然源于大脑和心智的所有类型的顾客反应都可能出现，但是最终起作用的是这些反应的积极性有多大。此外，很重要的一点是，当顾客想到该品牌时，这种反应是可以马上产生的。对于品牌的判断和感觉，只有在顾客对该品牌具有积极反应时，才能影响到顾客的行为。

4. 筑牢汽车品牌忠诚

品牌共鸣(brand resonance)指的是消费者感到与品牌一致的程度，包括在消费者功能、情感需求与品牌所提供的产品功能、情感等价值的匹配性，消费者个性与品牌个性的相似度等方面，反映了品牌与消费者之间的契合度、关系的强度和积极性，消费者与品牌之间“同喜同悲”的程度，也是顾客感到与品牌同步的程度。品牌共鸣在一定程度上是品牌与消费者建立的最深层关系，目的是使得消费者在心理和行为上与品牌的发展达到同步。我们熟悉的具有高度消费者品牌共鸣的品牌比如摩托车品牌:哈雷-戴维森。品牌共鸣是通过顾客与品牌的心理联系的深度和强度来衡量,消费者与某一品牌的共鸣程度也会通过消费者对品牌忠诚展示出来。比如,对某一汽车品牌忠诚的家庭消费者,会在家用汽车更换时选择重购该品牌。理论上,品牌忠诚度高的消费者会对某一品牌有高的重复购买率、会主动搜寻该品牌的信息,建立汽车品牌忠诚度工具包如图 7-5 所示。

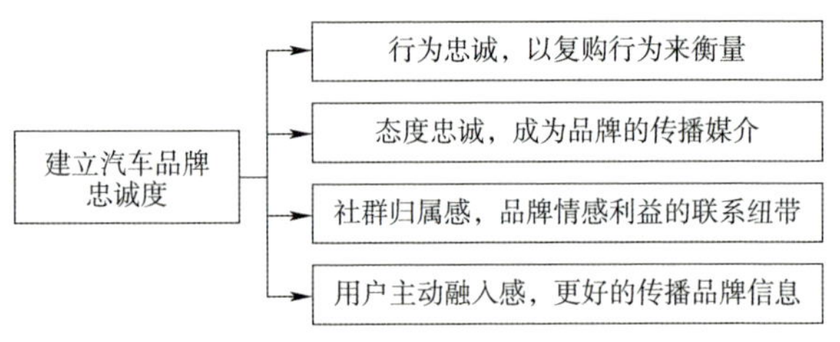

图 7-5　建立汽车品牌忠诚度

下面,我们将根据凯文·凯勒提出的品牌共鸣的四个不同方面来讨论汽车品牌如何构建和筑牢品牌忠诚。

第一,行为忠诚。行为忠诚可以通过消费者重复购买某一品牌的数量来衡量。从企业财务角度来看,行为忠诚可以带给品牌高的购买频次和数量,具有非常重要的价值。凯文·凯勒曾这样描述一位忠诚顾客的价值:一名通用汽车的忠实顾客在他的一生中能为公司创造 276000 美元的财富(直接购买 11 辆以上的汽车,并会间接地把通用汽车的产品推荐给亲朋好友)。

第二,态度忠诚。行为忠诚能在财务上给品牌带来高的回报,但并不是代表行为忠诚的消费者就能够跟品牌形成共鸣。行为忠诚不一定是因为对品牌足够喜欢,或者仅仅是因为只能购买该品牌。因此,汽车品牌还要建立消费者对品牌的强烈的态度依恋。汽车品牌可以通过科学的营销战略找到真正的目标顾客、提供比竞争者更能满足需求的产品和服务等方式提升顾客对品牌的喜爱度,达成消费者的态度忠诚。洞察消费者需求的变化,也是建立和维系品牌忠诚的重要举措。态度忠诚的消费者也可以成为品牌的传播者,他们会主动向身边的朋友推荐品牌。

第三,社群归属感。早在 20 世纪 70 年代,布尔斯廷便提出了品牌社群的概念。一个品牌的品牌社群是指建立在使用某一品牌的消费者间的一整套社会关系基础上的、一种专门化的、非地理意义上的社区。品牌社群以消费者对品牌的情感利益为联系纽带。在品牌社群内,消费者由于基于对某一品牌的特殊感情,认为这种品牌所宣扬的体验价值、形象价值与他们自身所拥有的人生观、价值观相契合。在品牌社群内,顾客基于品牌而相互形成关联。品牌社群可以是线上的,也可以是线下的。如何建立和运营汽车品牌社群呢?

第一步,明确搭建社群的目的。以获得新用户为目的的社群是为了更好地获得新客户,让潜在消费者进入品牌社群。以转化成新/老用户为目的的社群是为了让潜在消费者转化为现实的购买者,实现用户转化。以维护老顾客为目的的社群是提升老顾客的满意度为目标,提升复购率。以塑造企业形象为目的的社群,重在更好地展现品牌形象而非提升销售业绩。

第二步,定位社群的用户。对要加入品牌社群的用户进行用户画像分析,包括人口统计信息(年龄、性别、地区、年收入、受教育程度等)、社会属性信息(社会职务、婚姻情况等)、行为习惯偏好(健身运动、生活起居等)、心理属性(生活习惯、个性、需求动机、个人价值观、人生观等)。这些标签依据汽车品牌自身的定位来选择。

第三步,积累初始流量。通过我们可以通过线上和线下两种方式来积累社群流量并发现和维护精准用户。无论线上还是线下,我们都需要清楚,我们的品牌真正的目标顾客群是什么,根据我们对用户画像的分析寻找精准用户会出现的各种场合,如线下的汽车展会、自驾组织、汽车4S店、具体活动现场等,线上的平台如知乎问答、微信群、小红书、新浪微博、头条等内容发布平台。

第四,主动融入。如果消费者对某一品牌非常忠诚,往往容易自愿为品牌投入更多的时间、精力和金钱。消费者会选择主动加入汽车品牌的品牌俱乐部等品牌社群,对于社群发布的汽车新型号信息不排斥,甚至也会与其他车友主动交换和交流品牌信息。消费者也会选择主动访问汽车品牌相关的网站,参与线上或线下的活动与讨论。在这种情况下,消费者会成为该品牌的"品牌传播者",帮助传播该品牌的信息,也会自觉比较该品牌具有的品牌优势。强烈的态度忠诚和社群认同,对消费者的主动融入十分重要。

强势品牌的打造绝非偶然,而是要经过一系列科学严谨的步骤。对汽车品牌来说,我们通过有效的品牌战略定位和强大的传播方案建立品牌认知,形成显著度。但对顾客而言,仅有快速建立的品牌形象是不够的,企业应努力让消费者对品牌的内涵有深刻的认识,理解品牌的优点和独特性,形成正向的品牌判断和品牌体验,建立良好的品牌响应。也只有做到这些,消费者才有可能形成与品牌之间的共鸣。

5. 创建汽车品牌工具模型

创建汽车品牌工具模型如图 7-6 所示。

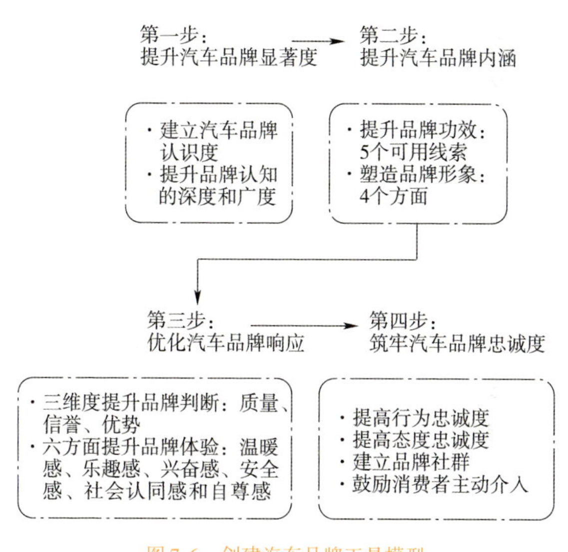

图 7-6　创建汽车品牌工具模型

第一步,提升汽车品牌显著度。首先,通过反复展示和强化与汽车品牌相关连接物的方式建立汽车品牌认知度。其次通过识别与开放汽车品牌新的使用场合,好的使用机会以及扩张汽车产品市场空间的方式提升汽车品牌认知的广度与深度。

第二步,提升汽车品牌内涵。通过 5 个汽车产品线索提升汽车品牌功效,借助 4 个品牌要素塑造汽车品牌形象。

第三步，优化汽车品牌响应。通过三个维度提升汽车品牌判断，从温暖感、乐趣感，兴奋感，安全感、社会认同感和自尊感提升汽车品牌体验。

第四步，筑牢汽车品牌忠诚度。通过四个方面，提升行为忠诚、提升态度忠诚，建立汽车用户社群，以及鼓励消费者主动介入。

第八章 建立阶段运营策略

本章从汽车品牌定位、品牌元素选择、品牌整合传播、品牌屋4个方面阐述汽车品牌的建立和运营策略。首先从品牌定位出发,为汽车品牌梳理品牌定位的概念及其发展演进、定位的流程及两种品牌定位工具,提出品牌定位不同阶段的定位策略,分析汽车品牌定位的原则,提炼汽车品牌定位创新工具包;其次基于品牌元素的规划和设计,分析汽车品牌该如何对品牌名称、品牌标识和符号、品牌代言人、品牌口号、品牌故事等多种汽车品牌元素进行合理选择;然后基于品牌整合传播理论,对品牌整合传播的理论内涵、核心理念和战略手段进行梳理,从传播计划、传播目标、传播信息、传播接触点、传播工具5个方面提出汽车的品牌整合传播策略,从次级品牌杠杆策略的角度对汽车品牌运用公司品牌、产品原产地、分销渠道联想、联合品牌、名人代言、特许经营等次级品牌杠杆策略更全面地创建汽车品牌资产进行分析,并参照营销漏斗模型,把汽车品牌传播过程分为传播到达、受众认知记忆、受众态度改变、促进行动4个阶段,依次选取这4个阶段的效果指标,监测汽车整合品牌传播的效果;最后构建品牌屋,从品牌内在定位到外在表达、营销支撑等多个层面打造汽车品牌建设体系结构。

第一节　品牌定位

1. 品牌定位的概念与演进

1972 年艾·里斯、杰克·特劳特在《广告时代》杂志上发表一篇标题为《定位时代》的文章,定位理论第一次被正式提出。不久之后,两人编写出版《定位》一书,把定位的概念解释为:定位是从产品本身出发,不需要改变产品便能通过影响目标消费者的心理进而占据目标消费者心理位置的行为方法。他们提出的定位属于广告传播定位观,实现的方式是借助信息的传递建立企业自己的品牌,在顾客心中取得一个合适的位置。

定位理论提出后,随着营销界和学术界的不断探讨和研究,更多的理论观点被提出。1980 年左右,以温德为首的学者认为,在对产品进行定位时,包含的内容较为广泛,不仅要详细定位产品的特点、使用对象,还要考虑到产品使用的场合以及具体的用途。菲利普·科特勒则对定位概念阐释为:公司打造出属于自己的业务以及市场形象,以在潜在客户当中获得独树一帜的具有一定作用的位置。他认为必须把定位添加到营销机制内。可见经过发展,定位理论产生了从广告传播到市场营销的转变。

在营销实践中,因为企业品牌推广的任何动作都具备品牌信息传播的功能,就必须对整个品牌定位进行系统的管理来提高传播效率。所以这之后“定位”开始从单纯的传播方法或营销方法演变为对产品或品牌进行战略管理，从而增加品牌资产的一种系统管理工具。

2006 年，菲利普·科特勒在战略管理理论中给予定位一个新的定义，即定位乃是企业的战略选择，从而强调品牌定位的重要性，并用来指导所有后续的营销动作。凯文·莱恩·凯勒亦将品牌定位作为品牌规划实施的第一步，从而帮助企业建立竞争优势，他提出差异点（POD）和共同点（POP）的定位框架理论具备很强的实操性。在中国，学者郑佳介绍了品牌定位流程和包括定位图等品牌定位工具以及差异定位等五大定位策略；清华大学李飞教授出版了多本品牌定位的著作，提出品牌定位钻石图模型，是目前广为应用的一种定位工具。这些理论形成后得到了广泛的应用，比如在汽车行业，李炎炎通过使用品牌定位钻石图，提出了哈弗汽车品牌定位发展中存在的问题和改进策略；王亚伦对长城汽车品牌营销进行了分析，提出了品牌定位策略等。

总的来说定位理论阐述了一个基本的法则，即企业需要将品牌植入消费者的心目中，并找到合适的位置，最好成为消费者心目中该类产品排名第一的产品。定位理论中存在两个基本的假设条件：第一，存在竞争激烈的市场条件；第二，以长期作用的效果来审视。在这两个假设条件下，定位理论可以发挥最好的效果和引领作用。

2. 品牌定位的流程

菲利普·科特勒将定位的过程分为 3 个步骤：首先，明确与竞争对手相比，自身有哪些优势或差异点；其次，选择合适的优势或差异点作为定位的内容；最后，通过传播策略和相应的营销规划来实现定位的内容。李飞在钻石图定位理论中将定位的过程确定为找位（找到目标市场）、选位（选择定位内容）、到位（实施定位内容）3 个阶段。

品牌定位靶盘是具有代表性的定位工具，可用于汽车行业。

菲利普·科特勒在《营销管理》中提出构建品牌定位靶盘，它包括两个内圈和两个外圈，以及靶盘外的三个方框，如图 8-1 所示。

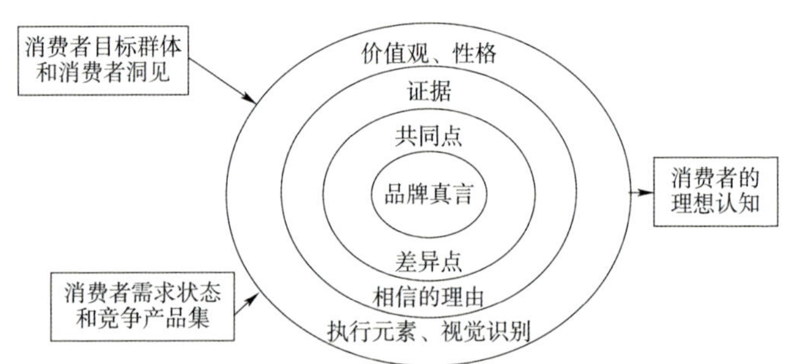

图 8-1　汽车品牌定位靶盘图

资料来源：《KY 汽车品牌定位策略研究》

核心圈是品牌真言。用简单的词语清晰地阐述品牌的核心价值，目的是确保直观地理解品牌想要向消费者表述的根本性的东西。

核心圈外面一圈是品牌的共同点和差异点。共同点是指对于品牌来说并不是那么独特，可能与其他品牌共同拥有的属性和利益；差异点是消费者能够强烈联想到并给予正面评价的品牌独特属性，从其他竞争品牌中无法找到。

第三圈是证据或者相信的理由，是用于证明共同点和差异点的事实性依据，提供论证支撑。

最外面一圈分别是品牌价值观、个性或性格，以及执行元素和视觉识别，用于帮助建立品牌的调性和品牌联想，以及与之建立联系的有形成分。

靶盘外的三个方框，左侧上面的方框是消费者目标群体和消费者洞见，对产品定位存在显著的影响；左侧下面的方框是消费者需求状态和竞争产品集，描述了主要消费者的需求以及和这些需求相关的竞争产品或品牌有关信息；在靶盘的右侧，是消费者的理想认知，消费者的理想认知产生，意味着品牌定位的成功。

汽车品牌运用品牌定位靶盘工具进行品牌定位时，首先依照靶盘左侧上下的两个方框，基于消费者群体画像及其需求、竞争者及其产品集合建立起品牌定位的参照体系；然后依照由内而外的顺序，打造四个靶圈的品牌定位内容体系；最后通过传播策略和相应的营销规划来输出和实现定位的内容，改变消费者的认知，达成消费者的理想认知。

3. 品牌定位的策略

品牌定位有着清晰的程序和流程，定位的执行及效果与其流程联系紧密，因此汽车品牌在定位策略的采用上，最好是依照品牌定位流程，在品牌定位的不同阶段采用相应的定位策略。

(1)定位参照策略。凯文·凯勒认为进行品牌定位时首先需要确定参照结构，即识别目标市场和竞争的性质。而菲利普·科特勒品牌定位的前提条件是市场细分和目标市场选择。李飞钻石图工具模型第一步找位的三个环节为市场的细分、评估和选择。他们都把市场细分和目标市场选择作为品牌定位的条件，因此针对这一步骤可以相应地采用STP策略。STP即市场细分（Segmentation）、目标市场选择（Targeting）、市场定位（Positioning）。有效运用STP策略可以建立起汽车品牌定位的市场和竞争参照体系。

（2）定位内容策略。定位的重点是选择定位内容，即根据目标顾客的偏好、竞争对手的状况、企业自身的优劣势来选择合适的定位内容，确定品牌的差异化。可以从价值、利益和属性3个方面采用相应的定位内容策略。

价值定位策略。价值是品牌代表的一种精神、态度、品质，表现为某种理想的生活状态或美好的个人品质。国外汽车品牌历史悠久，大部分都已经形成了个性鲜明的品牌价值，比如奔驰"The best or nothing"体现的卓越、宝马"Sheer driving pleasure"体现的乐趣、吉普"There′s only one "体现的自信等。国内汽车品牌起步晚，过去比较忽视品牌价值、品牌精神的表达。但近年来随着市场竞争的加剧，民族品牌也在品牌塑造上下功夫，试图向消费者传达独特的价值追求，比如吉利"造每个人的精品车"、长安"前进·与你更近"、奇瑞"FUN TO DRIVE/精彩无限"等。

利益定位策略。利益是消费者购买或使用产品所获得的好处，是消费者购买产品的直接目的。"手段——目的链"理论学者将产品所能提供的利益分为两类：一是社会心理利益，指消费者为了顺应他人或自己的看法而去购买或使用特定的产品。二是工具利益，它包括三个方面：功能利益，指产品帮助消费者解决问题或帮助消费者将事情做得更好的能力;财务利益,指消费者购买或使用产品让自己节约了金钱;体验利益,指消费者购买或使用产品而获得的感官上的享受。

每个产品都能提供多重利益。汽车企业要让自己的产品具有竞争优势,就要让产品在某个或某几个利益点上做得更加突出。比如哈弗是我国第一个经济型 SUV 品牌,它的利益定位是“低价、高性价比”,是利益工具中的财务利益。同时,哈弗也秉承了长城汽车“专业、专注、专家”的精神理念,专注做好产品品质,保证产品的高性价比。

属性定位策略。菲利普·科特勒认为,对于消费者来说,产品是许多属性的集合,消费者依据这些属性来对产品作出评价。马克·E·佩里在对若干学者的观点进行总结之后,将产品属性归为四类:内在属性,指产品的物理构成,包括材质、工艺、形态;外在属性,包括品牌、包装、服务、价格等;表现属性,指产品发挥作用的形式,例如汽车的动力性能、制动和操控性能、油耗、音响的音质等;抽象属性,指包含了多种特征信息的概括性属性,例如沃尔沃的“安全”属性就包含了沃尔沃安全配置丰富、安全研发投入持续、重视交通责任等特点。

(3)定位支撑策略。品牌定位需要通过产品、价格、分销、传播等营销组合要素,向消费者送达、落实定位信息。因此需要制定相应的4P 营销策略来加深和支撑汽车品牌定位主张。

在产品策略上,注重功能实用和品质保证,优化车型和外观设计;打造产品实力,提供差异化服务,加强新能源汽车的研发与应用;强化汽车智能系统。在价格策略上,品牌定价应体现性价比,建立动态价格体系;以不同方式应对价值竞争,提升产品附加值;实行价格—服务分级。在渠道策略上,加快品牌渠道建设,深入西北等非核心城市及地区,覆盖定位相关人群;创新品牌渠道,完善品牌服务,优化渠道管理。在营销传播策略上,要有持续性和针对性;聘请品牌代言人,创新品牌宣传片;参与汽车运动,积极开展线下体验;增加植入型广告,开展网络社交和自媒体传播,进行 IP 营销合作;加强与地方政府和主流互联网平台的合作,应用网约车模式;加强会员体系和品牌售后服务质量建设;强化品牌个性,搭建情感平台。

4. 品牌定位的原则

根据大卫·艾格在《创建强势品牌》中所提到的,品牌定位有四大基本原则:执行品牌识别、切中目标消费者、积极传播品牌形象、创造差异化优势,如图 8-2 所示。

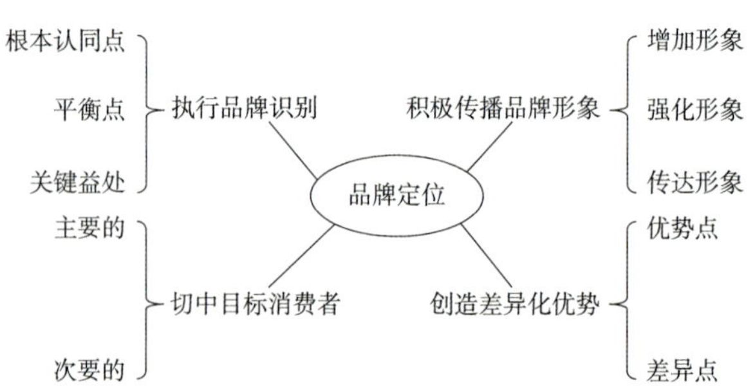

图 8-2　大卫·艾格品牌定位四大原则

执行品牌识别。要在品牌的核心识别、品牌识别架构中的杠杆支撑点、品牌的价值与目标消费群的利益中,磨合出品牌定位的必要元素。从而通过品牌定位使该品牌的识别

和价值主张完全地得到发展。

切中目标消费者。品牌定位完全站在消费者的立场上，最终借助传播让品牌在消费者心智中获得一个有利的位置。因此，要考虑目标消费者的需求，找到切中消费者需要的品牌利益点，使产品转化为品牌。

积极传播品牌形象。品牌定位是联结品牌识别和品牌形象之间的桥梁，也是调整品牌识别与品牌形象之间关系的工具：当品牌识别的部分内容未能反映出来时，可以通过品牌定位传达其形象；当品牌面临激烈的竞争时，可以通过品牌定位强化其形象；当品牌形象的适应面过于狭窄时，可以通过品牌定位扩展其形象；当品牌形象违背品牌识别时，可以通过品牌定位修正其形象。

创造品牌的差异化优势。不论以何种方法，品牌定位要始终考虑与竞争者的相对关系。品牌定位展现出相对于竞争者的优势，向消费者传达差异性信息，在消费者心智上占据与众不同的有价值的位置。

5. 品牌定位工具模型

进行品牌定位时，不同的用户对利益的诉求是不同的，因此不同的产品和服务具备不同的属性。从而把定位的内容分为价值定位、属性定位、利益定位。而定位的过程有三个关键点：准确识别目标用户的需求且明确定位点；将用户的利益点和想要被传递的价值在企业的定位主张中体现；制定相应的4P营销策略来加深和支撑其定位主张。

按照“找位、选位、到位”三步走的总体思路，分为三个步骤进行品牌定位，如图8-3所示。

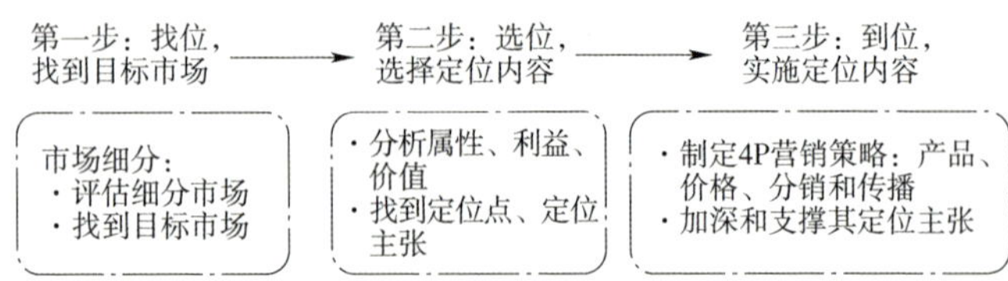

图 8-3 品牌定位工具模型

第一步，找位。它划分为三个环节，依次为市场的细分、评估和选择。

第二步，选位。从属性、利益和价值三个方面，分析消费者需求，确定定位主张。将消费者需求和想要被传递的价值在定位主张中体现出来。

第三步，到位。运用产品、价格、分销、传播等营销组合要素，加深、支撑其定位主张，逐步在消费者心中确立定位。

第二节 品牌元素选择

品牌元素也称为品牌特征，是用以识别和区分品牌的商标设计。主要的品牌元素有：品牌名称、标识、符号、形象代表、品牌口号、广告曲、包装和标签。它们能增强品牌识别，强化汽车品牌认知，形成强有力的、偏好的和独特的品牌联想，或者形成正面的品牌判断和品牌感受。

1. 品牌名称

品牌名称以简洁的方式反映产品的内容和主要联想，在消费者心中与产品紧密相连，并且在产品推出后很难再改变，因此要审慎选择汽车品牌名称。

汽车品牌命名步骤：第一步界定目标，确定品牌传达的

最理想的含义。第二步命名,尽可能多创造出名称和概念。第三步初步筛选,得到一个更可行的名称清单。第四步对第三步之后剩下的 5 ~ 10 个备选名称进行调研。第五步对最后入选的名称进行消费者调研,以验证它们的可记忆性、有意义的预期值。第六步确定最终名称。

汽车品牌名称首先应该清晰易懂,有明确的发音和意义,简短,易于发音,便于消费者口头传播,从而建立品牌记忆。其次,应该亲切熟悉,切合消费者现有的知识结构。同时,还应该与众不同且独一无二,可以用来强化产品的重要属性或利益。

2. 品牌标识与符号

品牌标识表达品牌起源、身份或联想,对建立品牌认知起着关键作用。品牌标识范围广泛,包括文字标识(即公司名称或商标)、抽象标识(也称作符号),以及介于两者之间的标识。比如宝马标识由字母 BMW 和抽象图案组成,字母 BMW 代表巴伐利亚汽车制造厂,标识中间的蓝白相间图案,代表蓝天,白云和旋转不停的螺旋桨,暗示着该公司由生产航空发动机开始创业的历史,以及宝马汽车的高质量、高性能和高技术。

有的标识是品牌名称的直接表达,非常具体或形象化地强化品牌含义和品牌认知。例如比亚迪的标识是品牌名称的汉语拼音首字母"BYD"组合,图案为椭圆形状,并加入光影元素,突出了比亚迪汽车的创新、科技和品牌活力。

3. 品牌代言人

品牌代言人是品牌符号的一个特殊类型,有不同形式,可以是真人或虚拟人物代言。品牌代言人在建立品牌认知方面非常有用,能传达关键的产品利益点,增强品牌的可爱性,建立品牌乐趣方面的感知。

使用汽车品牌代言人要注意的是:品牌代言人过于醒目而使其他品牌要素黯然失色,破坏整体品牌认知;品牌代言人需要适时更新,以使其形象、个性和目标市场保持一致。虚拟代言人的好处是它们的吸引力更持久,不受时间的限制。2014年,虚拟歌手洛天依成为长安汽车“新奔奔”的形象代言人。2019年,“王者荣耀”游戏中的英雄“铠”成为上汽大众T-Cross途铠的首席虚拟潮玩官。2021年,上汽名爵MG自创原创虚拟代言人“MG ONE机电潮人”。随着车企的不断探索、热点的不断变化,汽车代言人的选择会更加多元。

4.品牌口号

品牌口号是用来传递有关品牌的描述性或说服性信息的短语,在表达品牌定位方面起到关键作用。它通常出现在广告中,是概括广告中描述性和说服性信息的点睛之笔,但在营销方案的其他方面也有重要作用。

汽车品牌口号在设计上可以通过演化品牌名称来加强品牌认知,也可以直接把品牌和汽车品类、产品性能、消费者进行结合。例如大众甲壳虫的经典口号“Think small”通过成功的广告宣传活动,向消费者突出了差异化的品牌定位,表达出了小型汽车的性能和优点,如停车方便、较好的燃油经济性、节省保险和修理费等。

5.品牌故事

品牌故事是品牌创立和发展过程中有意义的叙事。汽车品牌传播过程中要整合汽车企业形象、产品信息等基本要素，加入时间、地点、人物以及相关信息，并以完整的叙事结构传播推广。

汽车品牌故事要素包含：基本的故事单元，叙事框架；强烈的情感或心理暗示；故事情景（与企业精神、品牌功能、消费者利益点密切相关）；明确的故事主体（品牌或品牌代言人演绎情节），品牌故事类型见表 8-1。

品牌故事类型 表 8-1

角度	故事类型	学者
故事来源	经理人知识；消费者消费经验；员工工作经历；记者对新产品的报道、竞争策略、企业信息	Hopkinso，Hogarth Scott
故事性质	专业故事；个人故事；组织成功故事	Silverman
品牌认同	我是谁？我来自何方？我将往何方？	Denning
品牌管理	品牌诞生故事；企业组织的故事；品牌愿景故事；品牌沿革与创新故事；品牌利益与价值故事；品牌与消费者故事；品牌代言人故事；品牌与社会故事	黄光玉
故事主题	爱情故事；生命故事；美德故事；尊重故事；个性故事	李光斗
表现形式	事实性故事；虚构性故事	赵蓓，贾艳瑞
核心作用	品牌身份和行为故事；品牌产品或者服务信息及与消费者的互动经历故事；品牌原型故事	李爱梅等
叙事视角	品牌讲述品牌自身的故事；消费者讲述消费者自身故事；品牌讲述消费者故事	徐岚

资料来源：《品牌故事类型对消费者态度的影响研究》。

第三节　整合品牌传播

1. 整合品牌传播的内涵

整合品牌传播即品牌整合传播，它的理论源泉是整合营销传播。美国西北大学舒尔茨教授等学者于 20 世纪 90 年代初提出整合营销传播理论，提出“营销的核心应从交易走向关系。整合营销传播不只是为了传播及提升传播效果，整合营销传播正是为了建立顾客关系这一营销最核心的目的”，迅速成为各个企业营销中使用的技术手段和传播策略。

品牌整合传播（BIC，Brand Integrated Communication）将品牌作为企业共享的资源，系统地使用各种形式的传播方式，将一致、完整、持续的品牌信息传达给顾客等重要关系人，实现双向互动沟通，树立品牌形象，增进顾客等重要关系人对品牌的整体支持，从而建立长期密切的信任与相互尊重，更有效提高关系价值和品牌资产。

品牌整合传播中，以品牌为核心去组织各种资源，各种营销传播方式相互配合，实现品牌关系人之间的对话与沟通。品牌整合传播强调：品牌资源在企业发展中所起的重要作用；与关系人的充分沟通；在传播方式上的整合性，包括营销与传播方式的整合、传播对象的整合，以及传播效果的整合等诸多方面。

总之，品牌传播的核心就是使消费者对品牌产生信任，建立消费者对品牌的信赖关系，获得消费者等关系人的长久支持，最终达到提高品牌资产、促进企业发展的目的。汽车企业导入整合品牌传播，是整合了多种传播活动的整体传播战略,它包括:广告、公关、促销、投资者关系、互动或内部传播等。整合品牌传播源自品牌价值管理,它的核心理念是通过品牌管理实现价值最大化。

2. 整合品牌传播的策略

整合品牌传播将品牌视为一种资产,并识别出驱动品牌价值提升的关键因素,用以通过整合传播上的努力,来影响、控制和评估这种资产。因此它需要高水平的管理和整体策略,将战略、财务和营销传播整合到一起,以实现价值最大化。汽车品牌的整合品牌传播策略如图8-4所示,下面对其进行分别阐述。

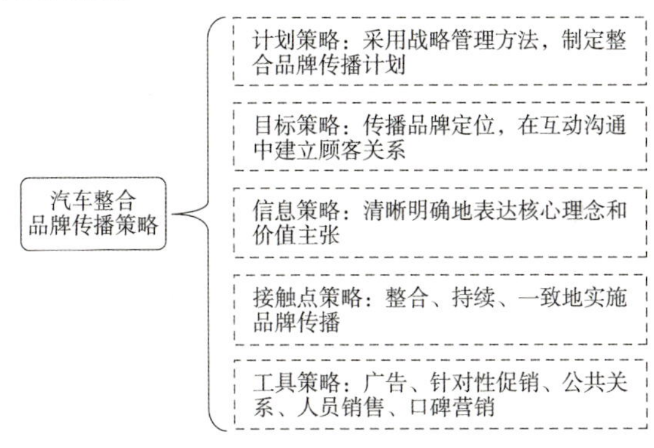

图8-4　汽车品牌的整合品牌传播策略

(1)整合品牌传播计划策略:采用战略管理方法,制定整合品牌传播计划。

汽车品牌的整合品牌传播计划环环相扣,形成双向沟通的循环系统:

第一步评估品牌的价值,分析品牌在企业中充当的角色。通过品牌价值评估,以基准品牌价值为参照来判断投入的绩效。

第二步理解品牌价值的构成要素。识别出品牌价值的作用要素,通过对它们从一个测量周期到另一个测量周期相对变化的测量,可以量化品牌投入回报,从而评估整合传播计划的整体效果。

第三步找出关键的目标受众。区分出核心受众和一般受众,成功地影响核心受众,激发他们的关注和反应。

第四步形成独特的价值诉求和传播创意。它有四个基本标准:符合受众需要、区别于竞争对手、诚实可信、具备随着企业业务的发展而发展的内在张力。

第五步分析受众的认知障碍以获得对创意的认同。如果这种障碍和认知关联,可以通过增加信息的曝光度来解决这个问题;如果是信任方面的问题,就需要改变目标受众看待品牌价值的态度。

第六步通过信息传播改变消费者认知。以精心准备的信息,穿透消费者每日因接触过载信息所形成的“防卫墙”,获得他们注意。

第七步理解单个媒介在改变认知态度中的作用。使用个性化的媒介适应受众的需要,平衡各种媒体的作用力量,以建立一种整合的、可以最有效地传播信息的媒体解决方案。

第八步确定最佳媒介组合。在有限的媒介预算的前提下,通过创造性的媒介计划,优化信息传播的力量。

第九步效果测量。通过定量的方法了解信息和媒体的传播效果。

第十步从第五步开始重复整个过程。测量首次效果后返回到整合品牌传播活动的初始,并考虑进一步提升的机会。

(2)整合品牌传播目标策略:传播品牌定位,在互动沟通中建立顾客关系。

开展整合品牌传播要明确其传播目标,汽车企业整合品牌传播的终极目标是传播品牌定位,在加强与消费者互动沟通的过程中建立顾客关系。例如宝马的品牌定位是“最完美的驾驶工具”,结合设计、动力与科技三大要素,树立了宝马“尊贵、年轻、活力”的形象,与奔驰的“尊贵、传统、豪华”区分开来。宝马公司的所有传播沟通策略都至少以其中一项要素作为主题依据。每一个要素的定义都特别考虑到宝马的顾客群,通过充分的传播和沟通,使宝马在亚洲成为“成功的新象征”。

(3)整合品牌传播信息策略:清晰明确地表达核心理念和价值主张。

在整合品牌传播的信息策略上,汽车品牌要清晰明确地表达出核心理念和价值主张。对汽车品牌来说,核心的品牌传播主张有:

安全优良的产品品质。安全和品质保障是消费者对汽车品牌最基本的要求,等同于品牌的生命。在这方面宝马和沃尔沃代表的欧洲轿车堪称典范。而国产民族品牌也要用更好的产品质量去支撑品牌,注意客户的真实反映,及时反馈并主动解决问题以更加突出品牌的公信力。

个性化的外观及内饰风格。个性十足的外形、内饰和综合性能是汽车品牌传播的核心主张之一。汽车品牌的个性或张扬、动感,或稳重、内敛,很大程度上依赖于品牌统领下的外观、内饰风格创新和产品支撑。

深厚的历史人文背景。品牌认同是以文化认同为背景的。比如人们对“广州本田”和“上海大众”存在普遍的信任和好感,并不完全来自对车本身的深刻了解,而是对其历史发展、先进科技和企业实力的认同。当品牌历史人文背景通过营销传播根深蒂固地留存在消费者脑海中时,就会沉淀为深厚的品牌资产。

独特的品牌个性和理念。随着更多汽车品牌的涌现、产品外形和技术的日益同质化,单一的大文化背景已经不能成为区分产品、品牌的标志。比如同属日本文化背景下丰田、本田和日产,除了产品本身风格略有差异以外,更多的是依靠各自鲜明的品牌个性和独特品牌理念形成差异。

(4)整合品牌传播接触点策略:整合、持续、一致地实施品牌传播。

顾客和品牌进行接触的任何形式或渠道都是品牌接触点,每一个品牌接触点都可以承载和传播一定的信息。品牌接触点分为可控性接触点和非控性接触点,不同类型的企业品牌的关键接触点有所不同。汽车企业的整合品牌传播接触点策略可包括三个方面:基于付费媒体和社会化媒体的媒体接触策略;基于售前、售中、售后的产品体验接触策略;基于人际传播的口碑接触策略。

(5)整合品牌传播工具策略:综合使用多种营销传播工具。

广告策略。汽车企业应该确定广告目标,制定有效的广告计划和相关宣传计划,合理确定预算,精心设计广告内容,选择广告媒体,评价广告实施效果。在亚洲市场,宝马公司的广告任务都集中在提升并支援宝马的整体形象上,并通过四个层次予以推进:第一层,全球性地推广宝马品牌定位;第二层,在亚洲地区广告网加强宝马品牌形象,建立其在当地的信誉与地位;第三层,全国性形象塑造活动——在各地提高品牌知名度,获取短期利益,并支持品牌诉求;第四层,适当用当地行销的策略性广告激发销量,引导并支持产品的定位。这四个层次广告逐层递进,并配之以其他品牌宣传活动,使宝马形象日臻完美,收到了预期的效果。

针对性促销策略。针对性促销需要评估现有促销措施是否成功,制定年度促销规划,考察竞争同行是否采取类似的手段,合理选择促销品,并开展提高市场占有率的一系列活动。例如宝马汽车鉴赏巡礼活动陈列展示宝马汽车,反映宝马的基本特性、动力、创新和美感,传递品牌特性,加强了潜在客户、现在客户和品牌之间的关系。此外,宝马还对一些目标客户开展特别项目策划:如每月定期和某些新闻记者聚会;和一些媒介代表探讨车的功能;和特别目标客户群尝试宝马七系,主动提供社交及文化活动;资助一些现有和固定的运动、社交和文化活动等。

公共关系。公共关系是为了使公众理解企业的经营活动符合公众利益,并有计划地加强与公众的联系,建立和谐的关系,树立企业信誉。汽车企业公共关系包括:汽车企业与消费者的关系、与相关企业的关系、与政府和社区的关系、与新闻界的关系、内部公共关系。汽车公关营销的工具主要有:公开出版物、事件、新闻、演讲、公益服务活动等。可以通过展露度、公众理解和态度、销售额和利润贡献,对汽车营销公关计划的执行进行评价。

人员销售策略。汽车人员销售是一种面对面的接触,要求销售人员观察消费者的需求和特征,在瞬间对传播的信息作出调整;同时好的销售人员会把消费者的兴趣爱好牢牢记住,以建立长期的、良好的关系,培养顾客对企业品牌的忠诚度;销售人员还要具备较高的综合素质,在对消费者进行销售访问时,必须作出积极的反应,解决消费者的疑问。可以按区域结构、产品结构、消费者结构,或者复合结构确定汽车销售人员的结构,合理地确定销售人员的规模。汽车人员销售不仅可以使企业的信息及时、准确、全面地传递给顾客,而且能听到顾客的意见,及时反馈给企业,通过这种双向的信息交流为企业改进经营管理和营销活动提供依据。

口碑营销策略。随着消费者对大众广告的日渐疏远,个人传播渠道的威力开始凸显。越来越多的公司和个人发现,个人传播渠道几乎是现有传播渠道中最强的。因此汽车营销者应该深入到顾客当中,寻找和培养意见领袖,通过他们和其余消费者的互动,达到营销目的。意见领袖"现身说法",反映的往往是产品的真实情况,因而,可信度较高。口碑传播者大都是一些普通的消费者,传播的主题大多数与日常生活息息相关,极具感染力。汽车口碑营销时应注意:首先,高质量的产品和服务永远都是好口碑树立的基础。其次,准确寻找、识别、努力赢得意见领袖。最后,借助人际传播交互扩大产品口碑,建立品牌特性和目标客户的高关联性。

3. 次级品牌杠杆

次级品牌杠杆效应在创建品牌资产上有着不可小觑的作用。凯文·莱恩·凯勒就如何利用次级品牌杠杆创建品牌资产,提出了利用杠杆提升联想的八个主要途径,即公司、家或其他地理区域、分销渠道、其他品牌、特色、代言人、事件、其他第三方资源。在移动营销时代,要整合性地利用次级品牌杠杆创建汽车品牌资产。

(1)公司品牌策略。强大的公司品牌对它的系列产品的成功上市具有非常重要的推动作用。产品采用与公司名称一致的品牌,或者在公司品牌已经取得良好认知的情况下突出公司品牌(如标志、广告语、公司理念等)来建设产品品牌,有利于消费者通过多重角度来对产品品质进行联想,从而提高产品的可接受性。

对于国内汽车企业而言,在品牌影响力和国际竞争力尚弱的情况下,与其花费相当的资源对旗下的每一个单品进行大力推广,不如集中力量建设一个强有力的公司品牌,利用公司品牌策略,为企业节约资源。

(2)产品原产地策略。产品原产地策略是企业利用消费者对某一国家或地区的某类产品独特的认知,来推介产品的方法。大众的标志让人联想到德国,通用的标志让人想到美国,品牌已经与其原产地建立了不可分割的纽带关系。因此汽车广告出现"德国品质"的话语,正是希望借助消费者对德国汽车品质的认同,来加深其对被推介产品的认同感。国内汽车企业通过与国际巨头合资合作,可以利用这种联想作用来寻找企业进一步发展的空间。而目前国内新能源车产业已经站在了汽车行业创新高地,有望建立起新能源汽车中国产地强势联想,从而使我国新能源汽车依托原产地效应进入国际市场。

在运用产品原产地策略进行品牌建设时,要特别注意维护原产地品牌的品质和口碑,原产地口碑受损将带来负面的次级品牌联想。因此也要尽量考虑到产地对产品所带来的不利影响,并努力规避。

(3)分销渠道联想策略。消费者不熟悉产品的情况下,会通过对分销渠道特别是零售终端的良好印象来联想该品牌的产品品质。次级品牌联想在此时充当为消费者进行引导介绍产品品质的作用。例如宝马、奔驰、沃尔沃的汽车展厅传递出高端的品牌形象。

因此汽车企业应把汽车销售终端作为传递这种品牌联想的重要媒介，有意识地在销售终端通过产品的甄选、自身的服务以及销售策略的实施来建立自身的品牌形象。汽车企业如果希望通过分销渠道这一措施来加强品牌建设，那么妥善处理公司与零售商、销量与产品形象之间的关系尤为重要。

(4)联合品牌策略。弱势品牌如果能和一家强势品牌联合，即使消费者以前并不了解这个弱势品牌，也同样可以通过这种联合而获得品牌联想的杠杆作用。这种策略的优势是产品的市场导入期费用低，时间短。如果是两个强势品牌进行联合，那么将会在原有特色基础上形成新的卖点，从而出现 1 +1 >2 的协同效应，整合优势明显。但是消费者对联合品牌能够带来的全新感受往往期望值很高，一旦联合品牌表现不佳则会削弱消费者对原有品牌的印象。

(5)名人代言策略。通过名人来进行产品推广是一种非常典型的品牌建设方法。消费者在对名人形成一种崇拜的心理后，会期望与其保持最紧密的联系，包括名人们推介、代言或用过的产品。

(6)特许经营策略。为提高企业经营的成功率，越来越多企业采取特许经营的发展方法。被授权企业支付一定的管理费及加盟费后，享有授权企业在特许范围内的任何权益。包括管理制度、运作流程、服务支持等，最为关键的是可以享有授权企业的商誉及品牌资产等。对于缺乏资金进行品牌运作的中小企业来说，可以借助已经得到消费者认可的品牌来进行自身的发展。汽车企业在建立自己的品牌资产后,可以用特许经营方式挤占市场。汽车企业在经营上利用品牌效应,吸引代理商加盟,拓展专卖网络,通过这种次级品牌杠杆策略,使汽车品牌在市场上取得巨大的成功。

次级品牌联想的优点是毋庸置疑的,但同时,次级品牌联想也有一些问题需要注意。进行品牌联想时,消费者的思维不可能只顺着一个方向去发展。在品牌联想过程中,有一部分联想对企业是真正有用的,而其他一些联想如果不是负面的至少是无用的。因此,控制次级品牌联想杠杆的传递过程,并使之完全与品牌相吻合非常困难。而且,由于消费者对品牌的主观认识的不同,所产生的其他的品牌联想也可能对企业品牌建设产生一定的阻碍作用。

4.品牌营销效果监测

整合品牌传播的效果评估和监测可以参照营销漏斗模型。它准确概括出了顾客关于产品或者服务的流程,经过多次的修改和扩展,产生了各种衍生版本,比如AISAS模型(Attention Interest Search Action Share)、AIDMA模型(Attention Interest Desire Memory Action)、AARRR模型(Acquisition Activation Retention Revenue Referral)等。它可以对流程中的各个环节进行拆解和量化,以有效找到问题环节、进行优化,被广泛应用于CRM系统、SEO优化、用户留存转化、流量监控等产品营销或者运营的各个方面。

从受众行为角度出发,汽车品牌的传播过程先后经历传播到达、受众认知记忆、受众态度改变、促进行动四个阶段。四个阶段具有一定的先后顺序,可以参照漏斗模型依次选取这四个阶段的效果指标,监测各个阶段的传播效果。

1)品牌传播的到达效果监测

只有受众成功接收到品牌信息,才能从海量市场信息和产品中认识它、了解它,进而才能够在后续的接触中与它产生更多的联系,对日常的消费态度和决策产生实际影响。因此品牌传播的到达效果是实现一系列品牌传播效果的前提。对它的监测包括两个方面:

(1)总体到达效果。用以监测在市场中占有的优势份额和地位。

(2)传播渠道到达效果。监测传播渠道主要包括专业的信息传播媒介和其他的信息流通渠道两方面,如日常人际交往、口耳相传所获得的相关信息等。

2)品牌传播的认知效果监测

品牌传播的认知效果监测包括两个方面:

(1)形象代言人的品牌形象传播效果;

(2)品牌口号的品牌认知传播效果。

3)品牌传播态度改变效果监测

品牌传播态度改变效果需要评估受众对品牌的印象和认知,是否会有所改,有多大改变。

4)品牌传播行为改变效果监测

品牌传播行为改变效果监测包括监测消费者的查询、选择、购买等行为数据。

第四节　品　牌　屋

1. 品牌屋的内涵

品牌屋即品牌信息屋(Brand Message House),品牌屋既是内在定位,也是外在传达。品牌屋能够帮助企业理清品牌目标市场战略的目标,组织协调品牌的总体架构,从消费者的心智出发,构建品牌定位,形成品牌知识,也从而建立"一个声音"的整合品牌传播方案。借助品牌屋模型,企业可以将品牌构建的相关策略进行逻辑梳理,品牌屋构成如图 8-5 所示。

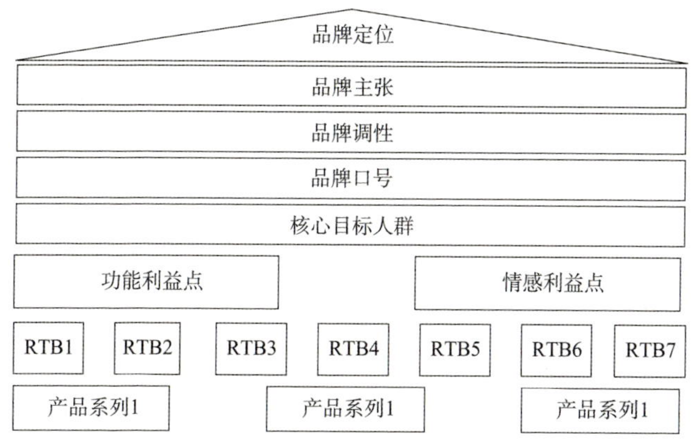

图 8-5　品牌屋的构成

品牌屋展示的是企业品牌战略的底层逻辑,不同的行业领域对品牌屋的构架形态各异,但主要的品牌屋模型都包含了四个核心的内容:品牌战略层(品牌定位);品牌人格化(价值主张,品牌口号等);品牌利益点;产品支持。

(1)品牌战略层。品牌定位是品牌战略的核心。定位的本质就是占据消费者的心智空间,就是如何给自己找到一个有利于竞争的市场位置。这就必然需要回答为谁提供服务?我是谁?能帮客户解决哪些关键问题?能带来哪些效果?又有哪些是独特的或比别人更有优势的?

(2)品牌人格化。将品牌人格化是建立与用户沟通、驱动品牌建立用户关系的最佳路径。将品牌人格化意味着企业需要对品牌进行设计,包括品牌各要素的选择,包括品牌名称、品牌标识等;还需要明确品牌价值主张;将品牌如同"人"一样设计品牌的性格特征:张扬还是内敛、理性还是感性等;设计有力的品牌口号,建立与目标用户的沟通,传递品牌主张,进入用户心智。而品牌调性就是这些品牌外显的特质形成的品牌市场印象,在品牌的人格化的过程中等同于品牌个性。

(3)品牌利益点。成功的品牌定位能够通过市场研究理解消费者需求,并通过优于竞争者品牌的产品与服务满足消费者需求。利益点包含两个大类:功能利益点(产品物质属性)和情感利益点(产品情感属性)。企业需要通过寻找与竞争者相同的利益点,将自己的品牌归于某一大类,也可以通过发掘与竞争者不同的利益点将自己与竞争者对手区分开来。同时,企业需要建立与竞争者共同利益点和差异利益点的品牌联想,即建立论据支撑(Reason To Believe,简称RTB)体系,要通过品牌线索提供让消费者相信品牌与其他品牌相同或不同的理由。

(4)产品支持。品牌真正与用户发生实质性价值传递的就是产品与服务。产品为品牌提供了物质属性。企业需要根据不同的客户群体、行业领域、竞争布局、产品功能等,设计完整的产品组合体系。

2. 建立品牌屋的步骤与方法

品牌屋从战略到战术,从屋顶到屋底,可以分为四个内容:心智占据、利益表达、论据支撑、产品提供。这四大内容层层递进,共同完成品牌的目标市场战略。

第一步,心智占据。定位的核心在于占据消费者的心智空间。汽车品牌需要通过市场定位策略明确产品的品类定位。建立有效的价值主张,通过品牌口号、品牌故事等将品牌调性、品牌理念等价值主张表达出来。

第二步,利益表达。基于品牌定位,汽车企业需要明确品牌的核心目标群体是哪个群体,可以通过用户画像等方法清晰消费群定位。通过消费者研究明确消费者需求,通过产品与服务帮助消费者解决消费痛点。汽车企业可以从两个方面来确立品牌利益:能为消费者提供的功能利益点(安全、省油等)、情感价值点(亲情、归属感等)。

第三步,论据支撑。论据支撑就是RTB(Reason To Believe)体系,要通过品牌线索提供让消费者相信品牌与其他品牌相同或不同的理由。汽车品牌需要提供更安全的汽车安全气囊等技术论据来支持其“安全”的功能利益点;可以通过酷炫或卡通的外观设计来支持其“个性”或“可爱”的情感利益点;也可以通过反复的广告来打造其选定的品牌形象。

第四步,产品提供。汽车品牌明确了自身品牌定位后,通过科学的品牌组合搭建品牌架构,并在品牌架构之下科学配置产品组合的长度、宽度和深度,构建多系列的产品组合,以协同实现品牌战略目标。

第九章 提升阶段运营策略

本章通过品牌延伸、品牌文化塑造以及品牌组合架构等策略提升品牌资产。

品牌延伸部分，包括品牌延伸的概念与类型、作用与风险、原则与步骤3个方面的内容。首先，介绍了品牌延伸的概念与类型，采用中山大学卢泰宏教授对品牌延伸的定义，并基于不同视角对品牌延伸类型进行了划分。其次，分析了品牌延伸的作用与风险，指出品牌延伸对于新产品的推广和原有品牌的发展有正向推动作用，但如果运用不当，也会给企业及品牌带来不利影响，如造成对原有品牌的稀释、使消费者产生心理冲突、原有产品与延伸产品的株连效应和跷跷板效应等。最后，提出了品牌延伸应遵循的原则与步骤。品牌延伸的原则包括母品牌应具有较高的知名度、美誉度，延伸产品与母品牌之间应具有关联性，应保持母品牌独特的核心价值与个性，应充分考虑企业现有的资源和能力等。品牌延伸的步骤包括根据企业战略规划选择延伸的品牌，选择品牌延伸的类型，测量消费者对母品牌的认知情况，识别可能的品牌延伸候选对象，评估和选择延伸产品，设计实施延伸的品牌营销计划，评价品牌延伸的成败。

品牌文化部分包括汽车品牌文化内涵、汽车品牌文化价值效应、树立汽车品牌文化途径和创新工具。首先，在汽车品牌文化价值效应部分，指出了汽车品牌能够为顾客增加价值、为汽车企业创造防御性竞争地位、留住顾客和品牌跨越国界等效应。其次，企业在树立汽车品牌文化过程中可以采用创造象征符号、选择有影响力的代言人、创建品牌社区、挖掘品牌故事以及建立品牌博物馆等 5 种创新工具。在树立汽车品牌文化过程中，要注意适合产品特点，也要注意汽车品牌文化应该符合目标市场消费群体的特点，汽车品牌文化要与民族传统文化相融合。

品牌组合部分重点讨论了 2 个内容：品牌组合策略和品牌联合策略。首先，在介绍品牌组合内涵的基础上，讨论汽车品牌架构的纵向层次和横向层次的构成，并分析了汽车品牌架构的设计的原则与方法。其次，在讨论品牌联合的内涵的基础上，分析了汽车品牌联合的 4 种策略：接触/认知型品牌联合、价值认可型品牌联合、元素组成型品牌联合、能力互补型品牌联合，并制定了汽车品牌联合的策略工具包。

第一节　品牌延伸

品牌是企业最重要的无形资产之一，是企业在激烈的竞争中得以生存乃至脱颖而出的核心“法宝”。随着信息时代的到来，商业竞争日趋激烈，企业推出新产品的成本不断提升，风险不断增大。因此，为充分利用品牌资产，降低新产品推出成本，品牌延伸成为企业常用的品牌策略之一。

1. 品牌延伸概念与类型

(1)品牌延伸的概念。20 世纪初,品牌延伸就已在企业实践中得到了广泛运用。到了 20 世纪 80 年代,每年有近两万种新产品以品牌延伸的形式进入市场。1981 年,美国学者陶伯在其论文《品牌授权延伸,新产品得益于老品牌》中,首次从学术研究层面提出了品牌延伸的概念,较为系统地论述了品牌延伸的理论,同时也阐释了品牌延伸存在的价值和意义,之后,学术界掀起了品牌延伸的研究热潮。

对于品牌延伸的定义,学者们有着相似但不完全相同的表述。战略品牌管理研究的国际先驱者之一,凯勒教授认为,品牌延伸是利用一个已有的品牌引进一个新产品。这一定义对于新产品并没有明确的界定。营销之父科特勒和品牌延伸研究先行者陶伯认为,品牌延伸是利用现有品牌名称来推出其他产品类别的新产品。这一定义,把新产品限定为其他产品类别而不是本产品类别的填补项目。上海交通大学余明阳教授把品牌延伸分为狭义和广义,狭义的品牌延伸中,新产品与原产品不是一个类别。广义的品牌延伸中,新产品可以是新的产品类别,也可以是原产品线中产品项目的填补。中山大学卢泰宏教授提出,所谓品牌延伸,是指借助原有的已建立的品牌地位,将原有品牌转移使用于新进入市场的其他产品或服务(包括同类的和异类的),以及运用于新的细分市场之中,以达到以更少的营销成本占领更大市场份额的目的。

在上述有关品牌延伸的概念中,卢泰宏教授的阐述较为清晰和全面,所以,本文中的品牌延伸采用卢教授的观点。其要点在于:品牌延伸中的原有品牌应具有一定的品牌地位;延伸的新产品或服务既包括同类也包括异类;品牌延伸的目的是以降低营销成本的形式来进入新的细分市场和扩大品牌的市场份额。另外,在品牌延伸中,被延伸的原品牌称为母品牌,延伸的新产品称为延伸产品。

(2)品牌延伸的类型。学者们基于不同的研究视角,将品牌延伸划分为不同的类型。

首先,根据延伸的产品是否属于公司所有,可以把品牌延伸分为公司内品牌延伸和公司外品牌延伸。一般情况下,提及的品牌延伸都是公司内品牌延伸,它是指延伸产品都属于一家公司所有,如比亚迪电子、比亚迪汽车、比亚迪半导体、比亚迪汽车金融、比亚迪叉车、比亚迪太阳能、比亚迪照明灯等,均属于比亚迪集团。而公司外品牌延伸就是通常所说的品牌授权,是指企业把品牌授权给其他公司使用,以推出延伸的产品,如兰博基尼汽车采用品牌授权的方式,成功将品牌延伸至模型玩具车、婴儿童车、生活用品等领域。尽管延伸的产品属于其他公司,但母品牌的使用是原公司授权的,所以品牌授权本质上也是一种品牌延伸。

其次,根据延伸产品与原产品之间的关系,可以将品牌延伸分为产品线延伸和产品类别延伸。对于这种划分方式,不同的学者在表述上有些差异,有的将其称为产品延伸与名称延伸,有的将其称为纵向延伸与横向延伸,还有的将其称为同类产品延伸和异类产品延伸。产品线延伸也称为同类产品延伸,是指用母品牌作为原产品大类中针对新细分市场而开发的新产品的品牌。这是品牌延伸的主要形式,品牌延伸中有80%~90%属于产品线延伸。汽车品牌产品线延伸的方式有很多,包括不同的车型、档次、用途等。如宝马的轿车、跑车、SUV 属于不同用途的产品线延伸，宝马轿车的 1、3、5、7 系列属于不同档次的产品线延伸。产品类别延伸又称异类产品延伸，是指母品牌从原产品大类延伸进入另一个不同的产品大类。如宝马汽车品牌延伸到摩托车、服装等不同产品类别。法国品牌权威学者卡普菲勒教授，把产品类别的品牌延伸又细分为两种类型：相关延伸和间断延伸。相关延伸往往借助技术上的共同性进行延伸，如宝马汽车和宝马摩托车在发动机技术上具有相关性。而间断延伸则是将母品牌延伸到与原产品并无技术联系的新产品类别上，如宝马汽车品牌延伸到了服装等不相关的产业。这也意味着品牌的延伸远离了原有的产品领域，品牌覆盖了更宽广的产品范围。

最后，根据延伸产品的品牌命名策略，可以把品牌延伸分为单一品牌延伸、主副品牌延伸和亲族品牌延伸。单一品牌延伸是指延伸的产品与原产品的品牌名称完全一样，如前述宝马、比亚迪等的品牌延伸均属于单一品牌延伸。主副品牌延伸是指延伸产品与原产品的品牌名称采用两段式，前面的主品牌名称相同，后面的副品牌名称有差异。主副品牌延伸，以主品牌展示系列产品社会影响力，而以副品牌体现各个产品不同的个性特点。主副品牌延伸在汽车行业尤为常见，如别克凯越、别克君越等。亲族品牌延伸是指延伸产品与原产品的品牌名称有部分相同及部分不同，如东风集团旗下的风神、风光、风行、风度等，品牌名称中都有“风”字。

2. 品牌延伸作用与风险

目前，品牌延伸作为企业推出新产品的重要策略，以及品牌资产的重要利用方式之一，在企业品牌管理实践中应用很广。但大量数据也表明，品牌延伸是一把“双刃剑”，正确的品牌延伸会对企业及品牌的发展带来正向推动作用，反之，不当的品牌延伸也会给企业及品牌带来巨大风险，甚至是毁灭性的打击。

(1)品牌延伸的作用。品牌延伸的正向推动作用主要体现在两个方面。

一方面，品牌延伸有利于新产品的推广。在激烈的市场竞争中，企业要想永葆生机就必须不断推陈出新，然而，科特勒教授在《营销管理》一书中提到，新产品的失败率很高，工业品为20%，消费品为40%，服务产品为18%。当然，新产品失败的原因有很多，但品牌延伸在一定程度上有利于新产品的推广。首先，品牌延伸可以通过减少消费者认知风险，提高新产品的可接受度。品牌延伸中，母品牌通常要求具有较高的品牌知名度和品牌声誉，这样，即使消费者不了解新产品，也会“爱屋及乌”，因为对母品牌的熟悉和好感而尝试和使用新产品。其次，品牌延伸可以降低市场导入成本，提升新产品促销效率。推出新品牌产品往往需要很高的费用，包括进行市场调查、品牌设计、广告宣传等一系列活动。而采用品牌延伸可以节省40%~80%的费用，同时快速赢得消费者的认可，也间接提高了产品的促销效率。最后，通过品牌延伸推出新产品，也为消费者提供了多样化选择的机会。当今市场，消费者需求越来越多样化，要获得消费者对一个品牌的忠诚越来越难，为了留住“喜新厌旧”的消费者，企业通过品牌延伸的方式推出各种差异化的新产品，可以更好地满足不同细分市场消费者的需求。

另一方面，品牌延伸有利于原有品牌的发展。首先，品牌延伸可以帮助原有品牌提高品牌形象、深化品牌内涵。一旦母品牌延伸到了新的产品项目或产品类别上，顾客就能更多地在零售终端、各类媒体上看到该品牌的身影，这样可以加深对品牌内涵的认知、强化已有品牌形象、增强对母品牌的信赖。如宝马汽车延伸到宝马服饰，进一步加深了消费者对宝马核心价值观“潇洒、优雅、时尚、悠闲、轻松”生活方式的认知。其次，品牌延伸可以帮助原有品牌扩大市场覆盖面、找到新的利润增长点。如世界顶级跑车品牌之一的法拉利，近年来通过品牌延伸，进军时装配饰、高级餐厅、文娱产业等，开启了向“全方位奢侈品牌”转型的步伐，试图在其忠实粉丝之外，争取更多的富裕客户。再次，品牌延伸有助于激活老化品牌并为后续延伸做铺垫。当原品牌出现老化现象时，可以通过品牌延伸推出新产品，使得原品牌得以活化。一个经典的案例是，通用汽车豪华品牌凯迪拉克在 20 世纪 90 年代末快速下滑。当时，许多一直关注该品牌的营销专家预言它将会消亡，然而之后，豪华轿跑系列 CTS 和浮华的多功能车 Escalade SUV 等新产品的推出，使得这个正在老化的品牌重新焕发活力，更富现代感。最后，品牌延伸也可以为原有品牌的进一步延伸提供机会。如果品牌开始就与一种产品紧密相连，一旦消费者的偏好发生变化，那么原有品牌也会随之失去市场。因此，进行成功的品牌延伸可以降低品牌与产品间的黏合度，当原有品牌再次推出新产品，就更容易进入市场，被消费者接受。

(2)品牌延伸的风险。如前所述，正确的品牌延伸能够为企业带来诸多利益，但如果品牌延伸运用不当，也会给企业及品牌带来不利影响，因此，品牌延伸存在一定风险。

首先，造成对原有品牌的稀释。品牌稀释是品牌过度延伸而摊薄、侵蚀原有品牌资产的现象。当一个品牌在市场上取得成功后，其在消费者心目中就有了特殊的品牌形象，而过度或不匹配的品牌延伸，令消费者很难将原有的品牌知识迁移到延伸产品上，无法建立有效的品牌联想，从而淡化或破坏原有品牌在消费者心目中的形象，造成品牌稀释。尤其当一个品牌延伸到多个产品类别时，更是如此。

其次，使消费者产生心理冲突。在购买产品时，消费者首先会选择购买自己信赖品牌的产品，当通过品牌延伸推出的延伸产品与原有品牌存在矛盾时，不仅模糊了原有品牌的定位，消费者也会因为品牌联想而失去对原有品牌的忠诚，或对延伸产品产生心理抵触。2003 年 11 月，大众隆重推出豪华轿车——辉腾，即使与同级别的宝马 7 系、奔驰 S 级相比，辉腾也毫不逊色，《福布斯》杂志甚至称其为“伟大的车”。然而辉腾上市两年仅售出 3715 辆，最终不得不撤出美国市场。究其原因在于，辉腾车身的前盖后箱上都嵌有大众的 LOGO，大众品牌在消费者心中“平民化、中低档”的形象根深蒂固，把辉腾和大众捆在一起，只能让消费者怀疑辉腾高贵基因的纯正性。

最后，原有产品与延伸产品的株连效应和跷跷板效应。株连效应是指延伸产品的失败会影响原有品牌已有的声誉和形象。由于共用一个品牌，品牌延伸往往会出现“一荣俱荣，一损俱损”的株连效应。1986 年，奥迪 5000 汽车被指存在“突然加速”的问题，并由此造成了数目惊人的事故，而且有时候这种事故是致命的，奥迪 5000 因此备受攻击而声名狼藉。尽管奥迪公司指出这一问题是由于美国人驾驶技术不熟练所致，但奥迪 5000 的销量依旧锐减，而且，这一事件还使奥迪其他产品销售受到很大影响。跷跷板效应是一种市场效应,即在品牌延伸过程中,新产品挤占了母品牌原有产品的销售,延伸产品销售的增长是以原有产品销售的下降为代价,这种延伸形成了对原有产品的竞食,也有研究者称之为“竞食效应”。发生跷跷板效应的品牌延伸中,通常母品牌原有产品和延伸产品面对相同的消费者群体,原有产品与延伸产品具有一定替代性,当消费者转移消费新产品时,就导致了原有产品销售量的下降。

3.品牌延伸原则与步骤

品牌延伸对企业来说有利有弊,所以,企业在考虑是否进行品牌延伸及如何进行品牌延伸时,应谨慎行事,并遵循一定的原则和步骤,其品牌延伸创新工具包如图 9-1 所示。

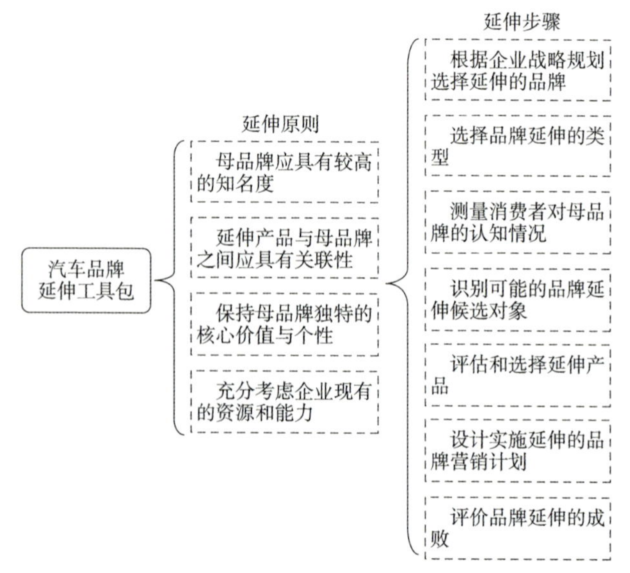

图 9-1　汽车品牌延伸工具包

1)品牌延伸的原则

首先,母品牌应具有较高的知名度、美誉度。品牌延伸的目的之一就是借助于母品牌的声望和影响,迅速打开市场,赢得消费者的信任与忠诚,因此母品牌要有较高的知名度和美誉度,如果母品牌的知名度很一般,甚至是闻所未闻,那么延伸之后就不会有什么效果。品牌延伸比较成功的汽车品牌,如前文介绍的宝马、法拉利、比亚迪等,均是国际国内享有盛誉的汽车品牌。母品牌具有较高的知名度、美誉度,是品牌延伸的基础,因此,企业在进行品牌延伸时,对于母品牌要有所选择,知名度、美誉度越高,成功的可能性越大。

其次,延伸产品与母品牌之间应具有关联性。品牌延伸时,原产品与延伸产品之间应该有关联性,这才能让消费者感觉自然、适宜,不牵强附会,能理解两种或多种产品同用一个品牌的原因。比如,日本本田是以动力优秀著称的,产品涵盖汽车、摩托车、发动机和割草机。旗下的各种产品以动力技术被消费者认同,既共享品牌,又丰富了品牌内涵,支持了品牌个性。而春兰的品牌延伸就是一个失败的例子。春兰品牌把产品从空调延伸到了摩托车、汽车上,品牌延伸过快,而摩托车、汽车与家电的关联性又不大,这不仅使其失去了中国空调第一品牌的地位,而且在摩托车、汽车市场上也不如意,总体上说其品牌延伸是不成功的。当然,延伸产品与母品牌之间的关联性不仅仅体现在产品的技术、功能、用途等方面,也可以体现在同一消费者群、分销渠道或相同产业链的上、下游等。

再次,应保持母品牌独特的核心价值与个性。每个成功的品牌都有其独特的核心价值与个性。当原有品牌与延伸产品关联性不强时,也可以考虑两者的核心价值是否相符。如果原有品牌的核心价值能够包容延伸产品,或者延伸产品有助于支持或强化原有品牌的品牌个性,那就可以大胆延伸。比如消费者一提到宝马,就会想到豪车,宝马是豪华汽车的典范,这只是宝马品牌的核心价值之一。除此之外,它还意味着“潇洒、优雅、时尚、悠闲、轻松”的生活方式,这才是宝马的核心价值观,宝马汽车将品牌成功延伸到服饰行业,其目标群体是时尚、崇尚健康、喜爱运动的成功人士。尽管服饰与汽车风马牛不相及,但两者都是诠释宝马核心价值观的载体。品牌核心价值与个性的形成是一个漫长的过程,要耗费大量资源。因此,品牌延伸最忌讳延伸产品与品牌的核心价值和个性相抵触,导致品牌个性的淡化和稀释,扰乱品牌个性。第二次世界大战前,美国的豪华轿车是派卡德而非凯迪拉克。派卡德曾是全球最尊贵的车,是罗斯福总统的座驾。然而派卡德在 20 世纪 30 年代中期推出了被称为“快马”的中等价位车型,尽管销路极好,但派卡德的王者之风渐失,高贵形象不再,从此走向衰退。

最后,应充分考虑企业现有的资源和能力。品牌延伸能减少企业对一个产业的依赖、提高利润,但不能求大求广、延伸过度,要考虑企业自身的资源和能力。过度的品牌延伸会稀释企业花在主力产品上的人力、财力、物力,导致对母品牌的损害,同时,延伸产品也有可能由于资金、技术、人力等方面的支持不够而遭遇失败。例如,创立于 1986 年的奥克斯集团,是传统的家电生产企业,2003 年进军汽车业。然而由于没有汽车的销售服务能力,无法获得销售汽车的资格,

2005年奥克斯宣布终止轿车计划及SUV和皮卡车的生产。先前的承诺使消费者充满了期待，之后对消费者的冷落使购买者对其感到很失望。奥克斯集团的这次品牌延伸无疑是失败的，不但没有获得营销汽车的利润，而且大大损害了奥克斯的品牌价值。究其原因在于，奥克斯在进行品牌延伸时，没有充分考虑自身的资源和能力。

事实上，企业在进行品牌延伸时，除了要遵循上述四个基本原则之外，还要考虑竞争者的品牌策略，尽可能不延伸到竞争激烈的行业等。

2）品牌延伸的步骤

为提高品牌延伸的成功率，企业在进行品牌延伸时，遵循以下步骤。

（1）根据企业战略规划选择延伸的品牌。企业在进行品牌延伸时，所选择的品牌要有较高的知名度和美誉度，这是品牌延伸成功的基础条件。另外，选择被延伸品牌时，既可以考虑公司品牌，也可以考虑公司旗下的子品牌。如比亚迪、宝马等属于公司品牌，通用旗下的别克品牌进行品牌延伸，推出别克凯越、别克君威、别克君越等属于子品牌的延伸。具体如何选择主要看企业的战略规划，一般来说，如果企业是要进入新的行业，可以选择公司品牌进行延伸（推出新品牌另当别论），如果企业只是丰富和填补原有产品线，则可以选择子品牌来延伸新产品。

（2）选择品牌延伸的类型。首先，考虑是采用公司内延伸还是公司外延伸。公司内延伸与公司外延伸相比，企业的可控性更强，但对企业的资源和能力要求更高，选择前者还是后者取决于公司对哪方面比较重视。其次，考虑是采用产品线延伸还是产品类别延伸,一般规律是先进行产品线延伸,因为延伸产品与原有产品同属于一个产品大类,消费者容易形成一致认知。但产品线延伸时,应考虑延伸产品与原有产品的区分,否则会挤压原有产品的销售空间。当原有产品类别利润空间不大、竞争过于激烈、需求趋于饱和时,可以考虑延伸到新的产品类别。但产品类别延伸应注意不能产生消费者的心理冲突。

(3)测量消费者对母品牌的认知情况。母品牌向何处延伸取决于消费者对该品牌的认知情况,需要企业对消费者进行品牌认知调研。调研的方法包括定性和定量两类。常用的定性方法包括自由联想法和投射法,自由联想法可以探索品牌在消费者头脑中有关品类、特色、个性等方面的联想,投射法可以根据消费者对测试品牌的直觉,确立品牌形象的核心。定量方法主要采用李科特量表来表述品牌认知和形象的问题。定性和定量方法相结合,既可以获得较为深入的信息,又方便统计。

(4)识别可能的品牌延伸候选对象。利用品牌延伸边界模型,识别可能的延伸产品候选对象。根据品牌延伸边界模型,影响品牌延伸成败的决定性因素主要有两个:一是消费者对母品牌的认知,二是延伸产品与母品牌之间的关联性。品牌延伸的成败取决于延伸产品是否脱离了母品牌所规定的延伸边界。其中,消费者对母品牌的认知可分为功能性认知和表现性认知,如果再将每种认知进行高低区分,那么消费者对母品牌的认知就分为高功能高表现、高功能低表现、低功能高表现、低功能低表现四种。延伸产品与母品牌之间的关联性,分为与产品特征有关的技术性、互补性、替代性以及与产品特征无关的价值性四种。技术性指技术与资源的可转移性;互补性指延伸产品与原有产品之间的配套补充;替代性指延伸产品与原有产品之间可以互相替代;价值性指品牌概念、变现、内涵等核心价值的一致性。结合以上两个决定性因素,可以确定四类品牌延伸的边界,如图9-2所示。

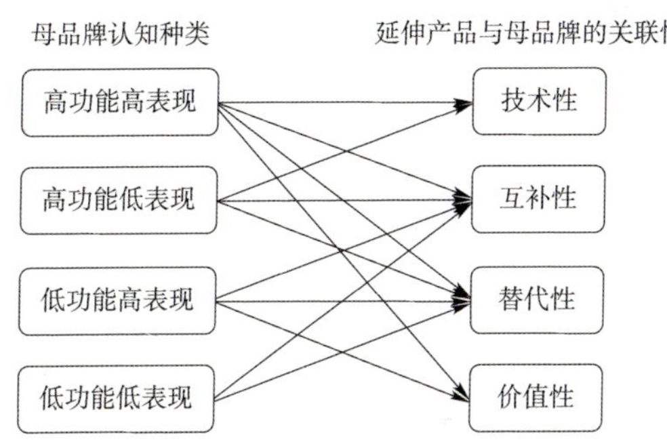

图9-2　品牌延伸边界模型

资料来源:《试论品牌延伸的边界》

高功能高表现品牌,这类品牌既具有完美的使用价值,又有很好的自我表现,可以在技术、互补、替代、价值上延伸,较少受到限制,品牌延伸成功的机会也比较大。如劳斯莱斯轿车可以向私家游艇延伸(技术性、价值性),可以向专用轿车配件、装置延伸(互补性),也可以推出另一型号的豪华轿车(替代性)。高功能低表现品牌,这类品牌具有很高的使用价值,但缺乏象征意义,所以无法使消费者感受到心理的满足。应选择技术性、互补性、替代性这三方面延伸,而不宜向价值性延伸。低功能高表现品牌,这类品牌使用价值平平,但由于被赋予很强的表现意义和象征意义,所以能给消费者极大的心理满足。主要采用价值性延伸,此外,也可以向互补性和替代性产品延伸。低功能低表现品牌,这类品牌无论在使用价值或是心理价值上都平淡无奇。从理论上讲,延伸困难很大,但是,若要延伸,可以考虑互补性和替代性延伸,如果操作得好,也能够获得成功。

(5)评估和选择延伸产品。对候选的延伸产品进行评估,主要考虑两个方面。其一,消费者对延伸产品的接受程度如何?其二,延伸产品对母品牌有何影响?一个好的延伸产品应该是能够被消费者所接受,同时也会对母品牌具有正面促进作用。要想了解消费者对延伸产品的接受程度,以及延伸产品对母品牌的影响,企业通常要进行消费者调查。可以给消费者一些延伸产品的备选方案,让被访者进行评分,为保证所列延伸方案没有遗漏,还可以请被访者补充适合延伸的产品。延伸产品对母品牌的影响可能有三种情况:正面影响、负面影响、无明显影响。正面影响是管理者最希望看到的结果,无明显影响也是管理者能够接受的,但如果出现负面影响,企业应结合品牌延伸的风险,进一步分析原因,作出选择。

(6)设计实施延伸的品牌营销计划。明确了延伸产品之后,管理者需要设计品牌营销计划对其进行推广。其中最核心的问题就是延伸产品的品牌命名问题,是采用单一品牌延伸、主副品牌延伸还是亲族品牌延伸。如果延伸产品与原有产品属于同一类别,但希望强调产品的特色,就可以采用主副品牌延伸;如果延伸产品与原有产品尽管不属于同一类别,但类别之间不容易产生认知冲突(如档次相当),那么可以采用单一品牌延伸;如果延伸产品与原有产品之间有可能产生认知混淆,则最好采用亲族品牌延伸。亲族品牌延伸是一种特殊形式的主副品牌延伸,适合于主品牌与副品牌若隐若离的关系。除了品牌命名之外,延伸产品的营销计划还包括价格、渠道、促销策略的配合。

(7)评价品牌延伸的成败。最后,管理者需要对品牌延伸的表现作出评价。评价基于两个标准,一是延伸的产品是否获得了良好业绩;二是延伸产品对母品牌的品牌资产产生了什么影响?如果两个标准得分都很高,那么该品牌延伸就非常成功;如果只是标准1得分高,标准2接近0分,那么该品牌延伸效果尚可;如果标准2得分为负数,那么无论标准1得分如何,该品牌延伸都是失败的。

对于品牌延伸的评价,不同学者给出了不同的评价模型。如卢泰宏教授认为计算品牌延伸的成功率,需要考虑相似度、品牌强势度、品牌认知度、品牌联想度、营销竞争力的五个一级指标、十五个二级指标。薛可教授在《品牌扩张:延伸与创新》一书中提出的品牌延伸决策评估模型,涉及品牌的强势度、核心品牌与延伸产品的相关性、环境因素三个一级指标、八个二级指标、三十一个三级指标。

第二节　树立汽车品牌文化

1.汽车品牌文化的含义

汽车品牌文化是基于某一汽车品牌对社会成员的影响、聚合而产生的亚文化现象。汽车品牌文化是某一汽车品牌的拥有者、购买者、使用者或向往者之间共同拥有的、与此品牌相关的独特信念、价值观、仪式、规范和传统等的总和。

汽车品牌文化与汽车品牌对汽车消费者行为的影响有密切关系。属于某种汽车品牌文化群体中的消费者,他的身份、情感、价值观、行为习惯中的一部分已经与这种品牌紧密联系在一起。营销人员有机会创造属于该品牌的独特文化,并通过这种文化持久地影响品牌的目标消费者和利益相关者,甚至整个社会。

汽车品牌文化是以汽车品牌为基点,是由汽车消费者和汽车品牌持有者共有的价值体系,它是联系汽车生产企业与消费者心理需求的平台,是品牌建设的最高阶段,建设的目的是使消费者在消费公司的产品和服务时,能够产生心理和情感上的归属感,并形成品牌忠诚度。汽车品牌文化以汽车品牌个性、精神的塑造和推广为核心,使品牌具备文化特征和人文内涵,通过各种营销策略和营销活动使消费者认同品牌所体现的精神,然后形成忠诚的品牌消费群体。

2.汽车品牌文化的价值效应

19 世纪末,欧洲人率先设计、制造并出售了第一批汽车。到 20 世纪中期,美国成为全球最重要的汽车制造国。20 世纪 60 年代到 70 年代,日本制造商的生产和营销策略对汽车市场产生了重大影响,丰田开创的"精益生产"法,为全球汽车制造业创建了一个范例。20 世纪 70 年代到 80 年代,欧洲、美国、日本的汽车制造商都在扩大产品线,营销管理的方法开始趋同,差异化营销策略变得越来越困难,标志着汽车行业迈向全球化。到 20 世纪 90 年代中期,数字技术进步在汽车行业的影响已开始为人所知。对于汽车营销而言,互联网为客户提供了广泛的产品和服务选择,也为小公司提供了与大公司竞争的机会。2001 年，中国加入世界贸易组织（WTO）后开放了自己的汽车市场，全球几乎所有重要的汽车品牌都在这里投资建厂，与它们一起来投资建厂的还有主流的零部件巨头。人们经常把 2009 年视作中国汽车行业的里程碑的一年，这一年起，中国每年都是全球最大的新车销售市场。但同时，中国的汽车产业链也一步步走向成熟，并融入全球。2020 年，中国汽车零部件出口创汇 565 亿美元，是进口额的 1.74 倍。这是一个跨国公司和本土产业持续互动的过程。起初，外资车企来到这里，为了赢得市场，努力培育本土的供应链；之后，随着电动化等新技术的发展，优秀的本土供应商开始进入跨国巨头的全球供应链；当下，中国成为汽车业新技术最火热的创业地，中国汽车产业在“十四五”开局之年呈现稳中有增的良好发展态势，全年产销分别完成 2608.2 万辆和 2627.5 万辆，连续 13 年保持全球汽车产销量第一。中国作为世界第一汽车市场大国的地位进一步巩固，正向世界汽车强国迈进。2021 年，中国新能源汽车产销分别完成 354.5 万辆和 352.1 万辆，同比均增长 1.6 倍，销量连续 7 年位居全球第一。2021 年，民族品牌汽车企业出口均呈现快速增长。在出口前十企业中，上汽、奇瑞、长安等民族品牌汽车企业同比快速增长，其中 4 家企业出口增速超过 100%。新能源汽车全年出口 31 万辆，同比增长 3 倍，英国、挪威、德国、法国等欧洲市场已成为主要增量市场。

在消费者心智中成功塑造品牌文化的公司大多获得了持久稳健的成功。如宝马汽车的车主对品牌非常忠诚，狂热者甚至每年举办一个宝马节（Bimmerfest）来向他们的爱车致敬。宝马培育了这些忠诚的消费者，并继续年复一年地研究、创新，来靠近特定的细分群体。

汽车品牌文化的价值效应体现在以下几个方面：

第一，汽车品牌能够为顾客增加价值。汽车品牌文化能够使消费者主动将该品牌的产品及形象作为其身份、社会阶层或者生活态度的积极象征物，汽车品牌的选择能凸显顾客的特质。

第二，汽车品牌文化可以为汽车企业创造防御性竞争地位。品牌很难建立，品牌文化的形成需要时间的沉淀，而业已形成的品牌文化具有时间的持续性，能够将品牌对消费者的影响长效化。品牌文化将企业的产品与现有及潜在竞争者的产品区别开来，当差别化建立在对顾客而言有价值但不可复制基础之上时，进攻者会发现攻克被保护的阵地格外困难。

第三，汽车品牌文化可以留住顾客。较高的品牌忠诚度使得顾客对竞争者的促销不太敏感，并愿意尝试自己钟情的品牌推出的新产品和服务。例如奥迪汽车进入中国市场主要定位在行政用车，再向商用和家用市场延伸成为“成功人士的选择”就成为情理之中的事。

第四，品牌文化可以跨越国界。如今，全球品牌越来越普遍，由于客户日益全球化，许多公司试图在国际市场上使自己的品牌标准化。

3. 树立汽车品牌文化的途径

今年，由世界品牌实验室 World Brand Lab 发布的《2022年中国 500 最具价值品牌》分析报告中。中国一汽、红旗、解放品牌的品牌价值较去年均有稳步增长，中国一汽 2022 品牌价值4075.39亿元，位列汽车行业第一；红旗品牌2022品牌价值1036.08亿元，位列乘用车品牌行业第一，成为中国首个品牌价值突破1000亿元的乘用车品牌；解放品牌2022品牌价值1077.82亿元，位列商用车品牌行业第一，成为中国首个品牌价值突破1000亿元的商用车品牌，品牌价值的提升深度彰显了中国一汽奋勇向前的有力步伐与不凡实力。

自2018年新红旗品牌战略发布以来，以焕然一新的面貌释放出无限活力，秉承“中国式新高尚精致主义”品牌理念，开创新时代中国高端品牌汽车产业创新发展的新道路，开创了“风景这边独好”的全新局面。与此同时，红旗品牌先后牵手国家体育总局，礼赠荣耀健儿高级轿车，弘扬为国争光的荣耀精神；牵手中国航天，全面树立了“独立自主、自立自强”的民族品牌形象。

作为民族汽车品牌先行者，“红旗”始终坚定“文化自信”，将中国传统文化融入汽车工业和品牌塑造当中，为品牌融入浓厚的民族文化基因。携手故宫、敦煌打造具有鲜明中国文化特色的品牌IP，开启了传承与创新的全新篇章，实现了从平面到立体、从表层到纵深的塑造，全方位展现了民族品牌力量、大国自信和文化自信。作为中国传统文化的坚定执行者和前沿探索者，红旗品牌打造出一系列由中华传统文化与现代工艺相结合“秒杀惊艳，极致梦幻”的卓越产品。先后推出了H5、HS5、HS7、H9、E-HS9、E-QM5、LS7、HQ9等重磅车型，引起了社会关注，引领了行业发展，引爆了市场消费，为“红旗”跃迁成长奠定了坚实基础。

中国一汽全面履行社会责任，在实现企业高质量发展的同时，积极投入脱贫攻坚战和乡村振兴。2020年5月，定点帮扶及对口支援的5个国家级贫困县全部提前摘帽。2021年，中国一汽被党中央、国务院授予“全国脱贫攻坚先进集体”荣誉称号。在公益方面，发布红旗“爱·尚”公益品牌，聚焦教育帮扶，促进民生就业。开展了“高举红旗，精准扶贫，走好新时代长征路”项目，在长征路沿线国家级贫困县开展教育专项行动。截至2021年，中国一汽已建成“红旗梦想智慧学校”15所，开设“红旗梦想自强班”211个，资助贫困家庭高中生10575名，培训基层教师1700多名，累计受益学生34万余人。2021年9月，该项目荣获民政部颁发的第十一届“中华慈善奖”荣誉称号。

从中国一汽的稳定发展看到，通过企业全面履行社会责任，积极开展公益活动，可以塑造企业品牌文化，可以增强企业的凝聚力与竞争力、促进企业长远发展，实现企业的发展目标。消费者了解了企业的品牌文化后，会产生文化认同，进而成为企业的忠诚粉丝，这是抵御市场风险的有力武器。品牌文化的核心是文化内涵，它包含着深刻的价值内涵和情感内涵，即价值观、生活态度、审美情趣、人格修养、时尚品位、情调等精神符号。品牌文化的塑造又带给消费者更多高层次的满足感、精神慰藉，在消费者心中形成潜在的文化认同和情感依赖。

树立品牌文化需注意以下几点：

第一，树立的品牌文化要适合产品特点。汽车产品文化带给消费者的利益，通常是安全、便捷、技术先进、工艺考究等。汽车品牌文化要与产品特征相匹配。

第二，这种文化应该符合目标市场消费群体的特点。要充分了解目标市场的消费动机和消费行为，这样的品牌文化才容易被消费者认可,并投射在品牌竞争力上。

第三,品牌文化要与民族传统文化相融合。品牌文化与民族传统文化息息相关。将优秀的民族传统文化融入品牌文化,更容易引起大众共鸣。

4. 树立汽车品牌文化的创新工具

品牌文化是由企业的外部利益相关者共享的一套价值体系。树立品牌文化的工具可以有如下选择:

(1)创造象征符号。塑造品牌文化需要将品牌元素根植于消费者心智中,并成为某种象征符号。自 19 世纪第一台汽车被创造以来,汽车标志也随即出现,生产商发现使用车标的汽车销量远远高于没有标志的车型,至此,各大汽车生产商都纷纷效仿。汽车标志已成为汽车品牌识别的重要组成部分,形成各自品牌文化和传播媒介。每一汽车品牌都透露其品牌的独特气质,在汽车标志设计中,应体现具有品牌特性的造型设计语言,以促进与改良汽车标志多样化发展。

汽车标志设计要紧密结合企业历史。在众多汽车品牌发展的洪流中,每个品牌都有自己的发展历史,而这种历史的形成具有独属于企业的文化符号。设计时,应当对企业历史首先有一个清晰的认识,在充分了解自身优势的基础上,凝练出代表品牌的专属符号。同时,要合理利用企业历史的差异化,有效地将这种差异化特征与品牌相融合,使其得到充分体现。如凯迪拉克的标志设计,以贵族纹样演变,借企业历史向消费者传达一种贵族阶级地位的象征,以此来体现豪华汽车的品牌概念,使消费者对于其他汽车品牌能作出区分。

(2)选择有影响力的代言人。利用当红明星的影响力来打开品牌知名度的营销手段,在汽车行业已屡见不鲜。比如,吴京代言大众途锐、古力娜扎代言奇瑞艾瑞泽系列、吴青峰代言别克昂科拉等品牌代言示例如图9-3所示。由此可以看出,为了博取消费者的欢心,不少车企在"牵手"明星上不遗余力。

沃尔沃	红旗	雷克萨斯
• 品牌创立时间：1927年 • 品牌发源地：瑞典 • 2010年被吉利控股收购 • 代言人：彭于晏、华晨宇、林志玲、林书豪等	• 品牌创立时间：1958年 • 品牌发源地：长春 • 代言人：靳东	• 品牌创立时间：1983年 • 品牌发源地：日本 • 代言人：黄渤、王俊凯

图9-3　品牌代言示例

(3)创建品牌社区。品牌社区是指使用同一品牌的一群消费者聚合连接而成的、以该品牌为关系基础的社会群体。品牌社区概念强调,以品牌为基础,以成员之间的社会关系等为核心元素。品牌社区成员对于品牌及其他使用者有相当程度的了解,他们知道自己属于以某个品牌为中心的社会群体。品牌社区的力量明显影响所有参与品牌活动成员的行为。随着互联网技术的普及,社交网站、即时通信等技术手段使得消费者建立和参与品牌社区越来越容易。几何汽车、蔚来等汽车企业都投重资开创用户社区,以分享品牌体验,交流使用信息,实现用户互助。

(4)挖掘品牌故事。文化的形成需要历史的沉淀。希望塑造品牌文化的公司无一不重视积累品牌成长的历史素材。对历史素材的叙事梳理形成了品牌传记。讲述和传播自己

的品牌故事是非常重要的品牌文化塑造手段。如奥迪轿车的标志为四个圆环,代表着合并前的四家公司。这些公司曾经是自行车、摩托车及小客车的生产厂家。由于该公司原是由4家公司合并而成,因此每一环都是其中一个公司的象征。1909年6月,戴姆勒公司申请登记了三叉星作为汽车的标志,象征着陆上、水上和空中的机械化。1916年,在它的四周加上了一个圆圈,在圆的上方镶嵌了4个小星,下面有梅赛德斯(Mercedes)字样。“梅赛德斯”是幸福的意思,意为戴姆勒生产的汽车将为车主们带来幸福。

(5)建立品牌博物馆。对于一个汽车品牌来说,悠久的造车历史永远是它们最值得炫耀的地方,所以现如今各个品牌都很注重对自己品牌历史的保护和宣传工作,而汽车博物馆无疑是最为合适的一个载体。

位于斯图加特的保时捷博物馆可谓是久负盛名,这个占地面积并不大的博物馆的藏品让人眼花缭乱。现如今,这个博物馆除了对历史车型的展示之外,还承担了老爷车的修复和品牌文化的宣传工作。这座博物馆于2007年新建,当你看到博物馆门口的三台直冲云霄的911时,就应该意识到自己来到了保时捷品牌的故乡。在该博物馆中存放着众多历史上鼎鼎大名的车型,除了在赛道上证明过自己的保时捷917之外,这个博物馆中至少展示有超过100台的保时捷经典车型。由于藏品太多,保时捷在斯图加特当地还有数个“秘密车库”,用以存放轮换展出用的各种展车。

位于长春市的红旗博物馆是国内为数不多的品牌博物馆。这个博物馆虽然占地面积不大,但是内部的展车却真真正正能够代表了中国汽车工业的发展历史,我们在这个展馆里能够看到中国自己生产的第一款轿车CA72,能够看到CA770这一曾经对外接待来宾的最高礼遇用车,也能够找到国家领导人们所乘坐的各个型号的检阅用车,无不彰显了红旗品牌半个世纪的奋斗历程。

通过创造象征符号、精心挑选代言人、创建品牌社区,挖掘品牌历史,建立品牌博物馆来塑造品牌文化。企业品牌文化的培育效果决定着企业的发展程度,应重视品牌文化建设并采取有效的措施提高培育效果,进而充分发挥出品牌效应,为企业拓展更大的市场份额,满足企业稳定、可持续的发展目标。

第三节　品牌组合策略

1.品牌组合的内涵

(1)品牌组合的概念。品牌组合是公司同一品类下销售的所有品牌的集合。比如,通用汽车公司在汽车这一品类下所有的品牌集合即为通用汽车的品牌组合。品牌组合中的所有品牌的共同目标都是提升品牌资产,任何一个品牌都不能损害亦或是降低公司品牌的总资产。

(2)品牌组合的来源。公司品牌组合的主要来源有三种方式:自己创建的品牌、并购的品牌以及与其他组织合作的品牌。这三种方式在汽车行业中都很多见,如吉利公司的品牌组合中包含了自己创建的品牌,面向大众的吉利品牌和面向高端客户的领克品牌,以及吉利品牌的子品牌全球鹰、帝豪、英伦等；也包含了并购的品牌，如 2010 年收购的沃尔沃，以及 2017 年收购的马来西亚的宝腾。通过与其他组织合作扩展品牌组合的公司也很多，如属于一汽集团的合资品牌有一汽大众、一汽奥迪、一汽马自达、一汽丰田等。

2. 汽车品牌组合架构

对于任何一家实施多品牌战略的公司都应该通过品牌组合管理来完善品牌组合构架。下面我们将讨论汽车品牌组合中不同品牌的作用以及如何进行汽车品牌组合架构的设计，如图 9-4 所示。

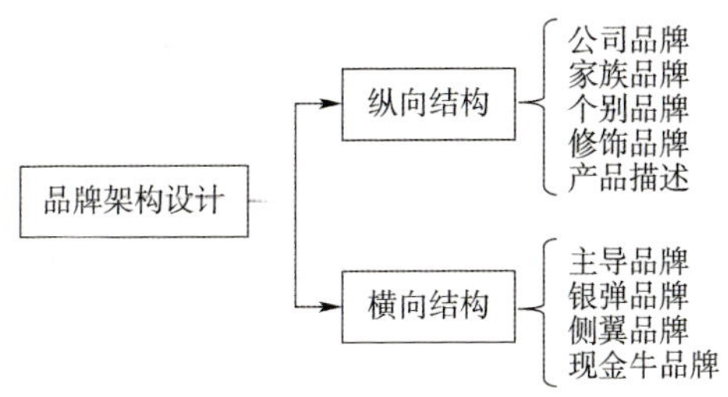

图 9-4　品牌架构设计

品牌架构是公司展示品牌组合的有形工具，通过品牌架构图，可以清晰展示公司产品中共同和独特品牌要素的数量以及种类，也可以清晰描绘出公司的品牌战略，并清晰展现品牌要素的次序。例如，一部通用雪佛兰探界者轿车包含了不同的品牌名称要素，分别为“通用”“雪佛兰”“探界者”。这些品牌名称元素中，“通用”作为公司品牌可以被多种不同的产品共有，而“雪佛兰”“探界者”则不会被很多产品使用。雪佛兰代表了通用汽车公司的大众化汽车品牌，“探界者”也只用于特定车型。

(1)汽车品牌架构的纵向层次。通常一个汽车公司的品牌组合架构从顶端到底部的层次可以包含五层:公司品牌、家族品牌、个别品牌、修饰品牌以及产品描述,如图9-5所示。

图9-5　通用、雪佛兰、探界者的品牌层级

第一层:公司品牌。

汽车品牌架构的最高层次通常只有一个品牌:公司品牌。汽车公司通常旗下拥有众多的子公司或事业部,此时的公司品牌就是指集团品牌。集团品牌之下可以有多个公司品牌。公司品牌的下一级有多个品牌家族或战略性品牌。品牌资产是品牌的顾客、渠道成员和母公司等对于品牌的联想和行为,这些联想和行为能使该品牌产品获得比没有名称的条件下更大的销量和利润,可以赋予该品牌强大、持久、稳定和独特的竞争优势,使其超越竞争者。当企业或公司品牌在品牌战略中起重要作用时,企业形象更为重要。

第二层:家族品牌。

家族品牌(family brand,也称为范围品牌 range brands 或伞形品牌 umbrella brads),是公司品牌下增加的可用于多个品类的品牌。如,通用汽车的“雪佛兰”“别克”都属于家族品牌。家族品牌的使用可以为公司的品牌战略带来很多好处。第一,当产品间的差别越来越大时,就很难仅仅使用单一的公司品牌,同时又保留某种产品含义或者有效区分产品,这时候采用家族品牌就可以获得这种区分。第二,采用独特的家族品牌,能够在一组相关的产品中激发一系列具体的品牌联想。家族品牌是为多种相互独立的产品建立共同联想的有效手段。比如“别克”旗下的汽车产品具有相同的品牌联想——商务。第三,采用家族品牌作为新产品的品牌名称,可以降低新产品的市场导入成本,提高市场接受的可能性。

第三层:个别品牌。

个别品牌是指在产品层次上每个产品品类或战略业务都采用独立品牌名称的战略。一般限于在单个品类中使用,可以包含不同型号、不同包装或不同风格的多种类型的产品。例如,通用汽车的“探界者”。创造和使用个别品牌可以使品牌个性化,并使汽车公司针对个别品牌的所有营销活动均能满足特定消费群体的需求。个别品牌的品牌名称、标志、其他品牌元素、产品设计、营销传播计划、定价、分销策略等策略都应该聚焦于某个特定的目标市场。同时,个别品牌发生品牌危机时,不会给公司的其他品牌及公司带来过多的风险。但是,打造个别品牌需要设计单独的营销方案,方案复杂且花费较高。

第四层:修饰品牌。

修饰品牌会根据产品款式或型号的不同类型进一步对品牌加以区分,标示某一具体产品款式、型号、特殊版本或产品配置。在汽车品牌实践中,修饰品牌应用较多。如通用汽车的雪佛兰探界者的具体产品就有三个不同的修饰品牌:2022 款 535T 驭界版、2022 款 535T 驰界版、2022 款 535T 领界版。修饰品牌能帮助消费者更好地理解产品,促使汽车品牌能与消费者甚至是经销商形成更紧密的关联。

第五层:产品描述。

本质上,产品描述不是真正意义上的品牌,但为已确定品牌的产品进行产品描述是品牌战略的重要部分。产品描述可以帮助消费者熟悉产品,了解产品的功能,并明确产品的相关竞争者。比如家用轿车就可以将产品与厢式货车区分开。

(2)汽车品牌架构中不同品牌的作用——横向结构。汽车厂商的产品线越来越丰富,因而每个厂商都有许多品牌,如果厂商对旗下的各个产品品牌没有一个明确化的整体架构和管理,就不能发挥出各品牌之间互助的协同效应,容易出现比如品牌定位交叉、传播效果不力甚至品牌结构混乱的问题,这样不仅达不到品牌传播的效果,同时也耗费了厂商大量的资源。

第一,主导品牌,也称为战略品牌,是指那些对组织战略有重要意义的品牌,这些品牌的兴衰和发展方向直接影响了汽车公司的战略布局。在实际的企业运营中,一般有三类品牌可以作为主导品牌。第一类品牌是企业品牌组合中的实力型品牌,比如大众汽车公司的“帕萨特”,一直以来都是公司的实力担当,销量和利润都很可观。第二类品牌是企业品牌组合中的未来实力型品牌,这种品牌虽然当下并不能给汽车公司带来即时的回报,但它代表了企业未来的战略方向,也是未来的实力担当,比如,比亚迪汽车多年来一直将王朝系列品牌作为主导品牌,以适应企业从燃油汽车全面转型电动汽车的战略调整。第三类品牌当下和未来都不再是企业的实力品牌,但在公司发展的历程中,曾经起到了关键性作用的品牌,比如大众汽车的“桑塔纳”。

第二,银弹品牌:是指正面影响其他品牌形象的品牌或亚品牌(子品牌),它是创造、改变或维持品牌形象的力量。在汽车厂商的品牌组合中,银弹品牌往往是企业新推出的车型,尤其是涉足新的领域而备受市场关注的车型。汽车公司可以选择用低端的入门品牌或高端的权威品牌,改变原有品牌在消费者心目中的形象。在汽车发展史上有很多利用银弹品牌的例子,比如大众利用新甲壳虫汽车改变了美国对大众的认识,该产品成为大众在美国重新兴起的象征。银弹品牌并不需要投入太多的资源但在很大程度上影响消费者对其他品牌的态度,能很好地改变企业的品牌形象,它是汽车厂商品牌提升的一个利器,是厂商在未来汽车市场品牌博弈的一枚关键棋子。

第三,侧翼品牌:是为了保护战略品牌而独立设立的辅助性品牌。侧翼品牌可以创造品牌与竞争品牌之间的相似性,以便使企业的主导品牌保持理想的定位。比如,也可以在企业主导品牌不擅长的领域进行扩张,发挥侧翼品牌的作用。早在2010年左右,海马汽车便通过一系列的服务活动着力提升旗下服务品牌“蓝色扳手”的品牌认知度,不仅延续了往年丰富的服务内容和形式,还增添了更具针对性、特色性的服务项目。通过服务品牌辅助主导品牌的战略运营。

第四,现金牛品牌。现金牛是来自于波士顿矩阵模型,指那些在成熟市场已经取得可观市场份额,利润丰厚稳定的公司。而现金牛品牌也是指那些无须加大投资,仍有一定市场地位和收益回报的品牌。现金牛品牌基本不用再进行大规模的资本性开支就可以获得稳定的利润和与之匹配的现金流,公司可以使用不断增加的现金投入其他业务,支持其他战略品牌的发展。比如,长城汽车旗下的哈弗 H6 是市场最知名的 SUV 车型,自 2011 年上市以来,凭借超高的质价比,卓越的性能品质,大气的设计风格,以及丰富的科技智能配置,赢得广大用户青睐与追捧,始终保持着市场热销状态,销量领跑中国 SUV 市场数十个月,是长城公司当之无愧的“现金牛”品牌。而经历多年作为战略品牌支持的比亚迪王朝系列也开始展现“吸金能力”,在 2021 年 10 月,唐家族车型销量为 4896 辆,其中 DM 车型同比增长 84.6%,宋家族在 10 月的销量为 20375 辆,环比增长 13.8%,e 系列在 10 月的销量为 3194 辆,环比增长 25.1%。

汽车厂商要将旗下的品牌结构进行梳理,结合企业的产品发展战略,对品牌结构进行优化,对每一个品牌的角色进行定位,明确每个品牌能为消费者提供的价值和利益或承诺是什么,以促进各个子品牌发挥协同效应。

(3)汽车品牌架构的设计。首先,要考虑品牌层级的数量。在为新产品设定品牌时,选择几个层次品牌的问题。品牌层级数目的决定应根据品牌相关产品的复杂性以及产品与品牌的关系来决定。汽车产品本身较为复杂,因此,一般而言,汽车品牌的层次较多。

其次,要考虑每个层级中期望的品牌认知度和形象问题。每一层次的品牌元素应该创建多高的品牌认知度以及什么类型的品牌联想?要想达到理想的认知水平以及品牌联想适当的强度、偏好性和独特性,需要较长的时间,同时还需要改变消费者感知。如果采用某种包含两层或两层以上品牌架构的子品牌战略,那么在创造品牌知识的过程中应遵守相关性原则和差异化原则。相关性原则建立在效率和经济性优点的基础上,即创建的品牌联想与该层次中越多的品牌有关联就越好,在公司或家族品牌层次尤其如此。如果某一联想在公司出售产品的营销活动中越有价值,那么把这一含义纳入某一个与所有这些产品相关的品牌中就越有效率,越具有经济性。如“别克”本身具有了非常强的品牌联想,通用公司会在可能的情况下将其余其他品牌层次相关联。差异化原则指在同一层次内部最好将品牌尽可能地区分开来,以确保消费者能够清晰地看到差异。否则,品牌差异就可能失控。

最后,还要考虑如何安排不同层次的品牌元素的问题。在同一个产品上面,不同层次的品牌元素如何组合,哪个层次的品牌元素要更突出一些?品牌元素的显著性是指它与其他品牌元素相比而言的相对显著程度,取决于多个因素,如排列的次序、大小、外观及其语义联想。通常,如果品牌名称首先出现,图案较大,比较突出,它的重要性一般也就比较高。

根据显著性原则,品牌元素越显著,消费者形成品牌意见的时候就会越重视。因此,汽车公司必须确认品牌对于消费者购买决策的驱动问题,即确定哪个品牌层次为主导品牌。那么,企业在设计汽车产品、安排品牌元素的显著度等要依据品牌的主导地位差异。例如,一汽夏利的主导品牌为公司品牌“夏利”,而丰田雷克萨斯的主导品牌为家族品牌“雷克萨斯”,通用的昂科威的主导品牌是家族品牌加个别品牌“别克昂科威”,那么这些品牌在车上的位置、大小也应得到突出。

3. 要素品牌

(1)要素品牌的含义。对整个产品的质量、功能、用户满意度等起关键作用的零部件、材料、生产或服务过程等称为关键要素。要素品牌即指为某些品牌产品中必不可缺的材料、元素和部件等构成要素所制定的品牌。菲利普·科特勒指出为最终产品中的材料、元素和部件建立直接面向最终消费者的品牌资产,称为要素品牌化。当汽车整车产品上的材料、元素、部件等核心构成要素按照品牌来运营时,它就被称为要素品牌。要素品牌是针对材料、成分、零部件和服务等的战略品牌管理。近年来,在品牌化方面的努力不断增加,不光涵盖了成品,也包括了成品零部件和服务。要素品牌化应用催生了一些更复杂的应用。

(2)汽车的要素品牌战略。要素品牌在汽车行业早已被应用,全球化极大地改变了汽车行业的结构,使汽车制造商得到了更大的市场力量。很多汽车制造商都在削减供应商的数量,同时要求它们放弃原来的生产地,搬迁至“供应商园区”。在这些园区内,大量供应商分布在生产商周围,这极大地简化了生产商的流程。

但实施要素品牌战略也有风险。首先需要投入财力物力,需要对终端用户进行宣传。当产品出现缺陷时,明晰责任分配也是一个问题。如果某个部件出现了缺陷,知名供应商品牌就会面临被制造商摒弃的风险,以避免汽车制造商的品牌形象受到损害。另外,汽车本身的缺陷和质量问题,虽然与供应商无关,也会对供应商品牌造成负面影响。另一方面,汽车制造商可能从要素品牌价值的提升中获益。最终产品制造商可以从供应商品牌的正面形象中盈利,并因此区别于其他生产商。此外,采用知名品牌供应商提供的部件甚至可以在新车型或特别版本发行时在消费者心目中树立最终产品的正面形象,而不会显著增加营销成本。汽车的结构和性能取决于由很多不同的供应商提供的部件,所有这些供应商品牌都可能采取要素品牌战略,这可能会削弱或者淡化汽车制造商自身的品牌。

(3)中国汽车的要素品牌发展阶段。中国汽车品牌在发展要素品牌的过程中不断摸索进步,先后经历三个发展阶段:

第一阶段:注重整车品牌阶段。在改革开放之后,产生了众多合资企业,因此很多中国汽车品牌消失了。但是经过一段时间的发展,民族品牌开始崛起,随后高度重视整车品牌。

第二阶段:注重服务品牌阶段。在这一阶段汽车企业开始重视服务品牌,这源于对品牌的理解在不断深化,各个企业开始重视服务,把服务也作为一个品牌单列出来。

第三阶段:注重全面发展阶段。现阶段,既重视整车品牌,也重视服务,并涌现出了众多技术品牌,特别呈现出以混合动力为代表的集群式发展状态。

(4)基于价值链的汽车要素品牌战略选择。

第一,迈克尔·波特的价值链工具。

价值链(value chain)概念首先由迈克尔·波特于1985年提出。波特认为,“每一个企业都是在设计、生产、销售、发送和辅助其产品的过程中进行种种活动的集合体。所有这些活动可以用一个价值链来表明。”

企业的价值创造是通过一系列活动构成的,这些活动可分为基本活动和辅助活动两类,基本活动包括内部后勤、生产作业、外部后勤、市场和销售、服务等;而辅助活动则包括采购、技术开发、人力资源管理和企业基础设施等。这些互不相同但又相互关联的生产经营活动,构成了一个创造价值的动态过程,即价值链,如图 9-6 所示。汽车企业可以在价值链的不同环节开拓要素品牌。

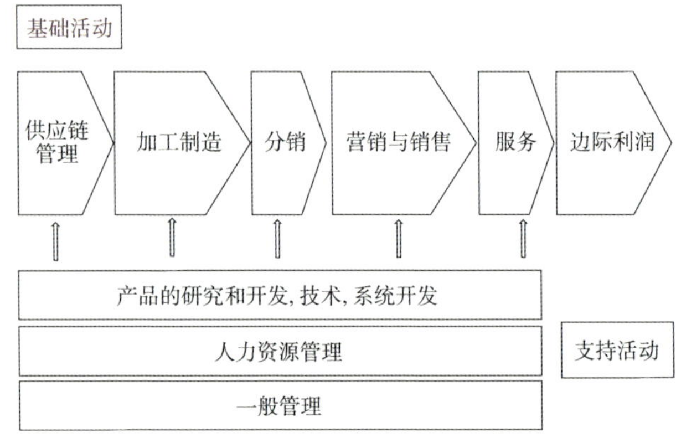

图 9-6　迈克尔·波特提出的企业价值链

第二,基于价值链的汽车要素品牌战略。

迈克尔·波特提出的价值链工具为汽车要素品牌战略选择提供了理论依据。

首先,从供应的角度,车企依托于整车的关键要素拓展供应品牌。如刀片电池是比亚迪自主研发的新型磷酸铁锂电池。该刀片电池将长度大于 0.6mm 的电池排列成矩阵,并通过 CTP 技术将电池直接集成在电池组上。刀片电池的性能与三元锂电池相当,但成本低于三元锂电池。

其次,通过创新营销方案,打造自身独特的品牌优势,构建独特的汽车品牌文化。如吉利汽车在全面收购沃尔沃汽车之后,借鉴学习了沃尔沃在体育营销上的优秀经验,不断加强吉利品牌在赛事文化的投入。2022 年 7 月 3 号,“2022 吉利缤瑞 COOL 赛道嘉年华”在株洲国际赛车场开幕,这是一场专为赛车和改装车爱好者打造的“聚会大趴”。在现场不仅感受到了“吉友”们对于赛道文化的热情,也感受到了吉利对于推动国内汽车运动赛事发展和普及所作出的努力。

最后,围绕服务环节,打造服务品牌。近年来,蔚来通过打造 NIO Power、NIO Service、NIO House 等品牌构架全周期服务体系,全方位优化用户体验。通过打造 NIO Power 品牌,蔚来拥有了广泛布局的充电设施网络,依托蔚来云技术,搭建了“可充可换可升级”的能源服务体系,为车主提供全场景化的加电服务。NIO Service 是蔚来推出的车主售后服务,包含首任车主自动享有终身免费质保、终身免费道路救援和终身免费车联网服务这三项终身免费权益等,免除一切用车后顾之忧。在线下,除了各种加电、维修等服务之外,NIO House 为蔚来车主和朋友提供体验和聚会空间,增加了企业与用户的连接。

4. 汽车品牌联合

(1)品牌联合的含义。品牌联合指的是两个或两个以上消费者高度认可的品牌进行商业合作的一种方式,其中所有参与的品牌名称都被保留。由于两个品牌在不同领域具有各自的品牌地位,联合品牌可以适应更多的消费者,从而创造更大的品牌价值。由于合作双方分摊了费用,增加了销售潜力,风险和投资都不大,收效较大。联合品牌使得公司有可能进入新的市场,借合作品牌的知名度增加新的消费群,也在一定程度上促进技术和品牌价值的共同进步。

(2)汽车品牌联合策略。英特品牌公司从合作品牌对价值创造的贡献角度对于品牌联合的方式进行了分类,有 4 种主要方式。

第一,接触/认知型品牌联合。这种品牌联合的方式目的就是迅速提高公众对双方品牌的认知度和接触度,类似于简单的联合促销。合作双方品牌并不需要严格的品牌价值的认同,挑选合作伙伴比较容易,而且没有太多共同品牌特点(战略、价值、定位)的不相关公司之间的联合也是完全可行的。

2017 年 11 月,东风风神某专营店与某房产公司推出“两店共庆钜惠全城”活动,活动当天前往房产项目赏车看房,即可获得精美礼品,购车或购房还有超值大礼相送。通过这种简单的品牌联合增加各自品牌在对方消费者面前的曝光度,提升了品牌认知。

2021 年 8 月 21 日,上汽通用别克宣布与重庆知名火锅品牌珮姐重庆火锅展开跨界联名合作,共同打造火辣潮趣的燃情体验。双方的首次联名以“勒是 Spicy”为主题,将共同推出联名火锅套餐、限定火锅底料等创意产品,打造火锅主题联名快闪店、昂科威 S 火锅乐园互动游戏,邀请知名说唱歌手创作主题曲、邀请电竞达人和粉丝共组游戏火锅局,以线上线下联动的方式与新世代群体共赴热辣滚烫的“火锅之约”。

第二,价值认可型品牌联合。这种品牌联合方式通过品牌联合强调品牌的专业性、提升自身品牌实力和树立良好的公益形象。两个参与的公司进行合作的原因是他们具备或者想取得在客户心目中的品牌价值的一致性。2022 年 8 月,新能源汽车技术行业领先品牌——极星汽车公开宣布,正式与瑞典电动水翼艇制造商坎德拉签署电池技术合作协议,而该协议也是全球范围内汽车和船舶行业首次在电池技术上达成的合作之一。坎德拉利用计算机引导水翼的方式,有效地将船体提升至水面以上,进而实现电动水翼艇在水面上的“飞行”,在高速行驶时,可比传统机动船减少 80% 能耗,这无疑也是船舶行业环保发展上一大新的突破。而坎德拉的可持续发展价值观也与极星汽车的发展理念相契合,作为新能源汽车技术企业,极星汽车以自身的技术优势向第三方供应电池和充电系统,也是品牌的一次大胆尝试。品牌联合的双方不仅在品牌理念上相互认同,彼此的合作也能提升各自品牌的专业性。

第三,元素组成型品牌联合。这种联合方式通过成分品牌或自己成为别人的成分品牌来提高自身的品质。在汽车行业元素组成型的品牌联合使用较多。比如,雷克萨斯使用美国的 Bose 音响产品,奥迪 A6 原装配套米其林牌轮胎。汽车品牌应该选择那些能够影响消费者购买行为的汽车部件,比如对安全性能影响较多的轮胎,对驾驶体验有很多影响的发动机、电动汽车的电池等。除了汽车的硬件,汽车品牌也可以寻求软件方面的联合,如苹果公司与法拉利、奔驰及沃尔沃等合作推出 CarPlay 车载系统,通过手机与汽车连接,能够直接在汽车中控屏幕上拨打电话、查看短信、地图导航或是播放音乐。

第四,能力互补型品牌联合。最后这种品牌联合方式对联合的品牌要求较高,各自均拥有专业优势,属于强强联合。2022 年 3 月 5 日至 4 月 17 日,长安汽车与三星堆博物馆联合推出“上星了! 55”寻宝乐园七城快闪活动。作为“新轻年智趣伙伴”,第二代 CS55PLUS 在设计、智能、动力等方面,进行了全面进化。而三星堆则是近年来备受关注的文化热点。双方强强联合的跨界形式让商场逛街的人群在近距离体验汽车智能生活的同时,也感受了非常具有潮流感的“考古文化”,可以说是一次科技和文化结合的完美活动。全新的三星堆 IP,是第二代 CS 55plus 进行的一次全新尝试,现场大量年轻人也加入合拍活动中。

目前越来越多的汽车品牌都加入了“品牌跨界”“品牌联合”的队伍。虽然合作对象和联合方式的不同,但很多深入的合作模式能给消费者和企业带来更好的共赢利益。

(3)汽车品牌联合策略模型。汽车品牌的品牌联合策略主要包括三个步骤,具体的模型流程如图 9-7 所示。

第一步,选择联合品牌。通常,汽车企业应该选择跟自身品牌地位相当的合作品牌。确定品牌的方法有很多,可以直接指定,也可以通过调研座谈的方式来选定。

第二步,确定品牌联合的目标。品牌联合可以达成的目标主要包括四类:提升公众对自身品牌的认知度,提升品牌价值/形象,以成分品牌提升自身品质以及强强联合。不同品牌对目标的需求不一样,同时自身资源也不一样,可以根据自身情况来进行选择。

第三步，确定品牌联合方式。根据品牌联合目标选择不同的品牌联合方式。目标确定后，一般情况下都会对应一个主要联合方法，品牌方可以根据自己的战略伙伴层面或者供应链层面实施合作。

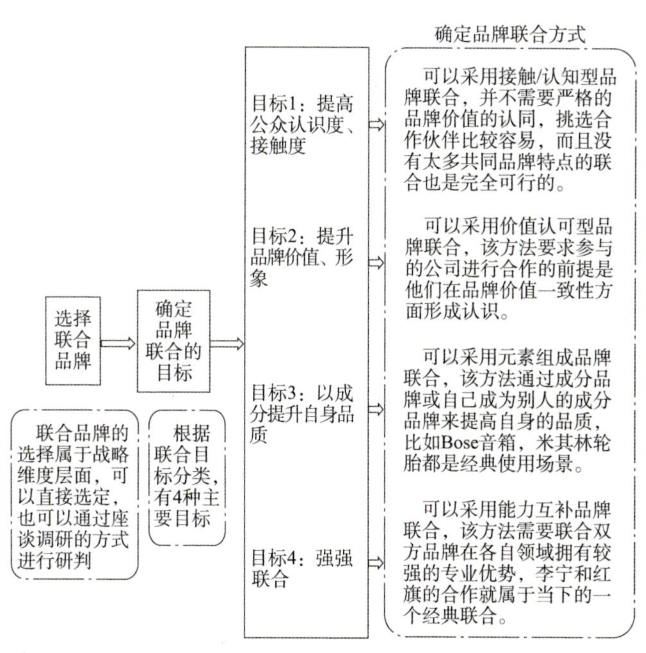

图 9-7 汽车品牌联合策略模型

第十章 维护阶段运营策略

维护阶段运营策略主要包括品牌危机策略和长期品牌管理两部分。

第一部分在品牌危机内涵、影响及成因分析的基础上，提出品牌危机的预防与应对措施。首先，介绍了品牌危机的内涵，品牌危机与产品伤害危机、企业危机、公共危机的区别和联系。其次，从消费者和企业两方面总结品牌危机的影响。指出品牌危机会使得消费者的感知风险增加、产生负面情绪、购买意愿下降，会导致企业品牌资产受到损害、影响营销工具效率、产生溢出效应。再次，分析了品牌危机的成因，可以概括为组织内部和组织外部两个方面。组织内部原因主要包括企业战略决策和经营管理问题、商业伦理与企业社会责任问题、产品和服务质量问题、营销手段方面问题等。组织外部的原因主要包括宏观环境因素和其他环境因素两大方面。最后，提出了品牌危机的预防和应对。品牌危机的预防要树立品牌危机防范意识，建立品牌危机预警系统；危机应对方式可分为及时应对、一致应对和积极应对；应对策略包括道歉、赔偿、辩护（否认或澄清）等。

第二部分基于品牌生命周期分析，指出品牌强化和激活的重要性，并提出品牌强化和品牌激活的方法和途径。首先，阐述了品牌生命周期的定义、划分及各阶段的特征，指出品牌强化和品牌激活是老品牌的核心课题。其次，总结品牌强化框架，重点对品牌强化的实施提出建议，包括维护品牌的一致性、保护品牌资产来源、恰当使用品牌延伸、调整营销支持计划等。最后，探讨品牌激活的条件、原理，并应用品牌激活矩阵，提出具体措施和建议，包括实施怀旧战略，以情感诉求建立消费者关系；重估品牌精髓和意义，加强对品牌故事的宣传；在“新”上下功夫，要“表”“里”并重；实行联合品牌和跨界经营，以无形资产撬动有形资产等。

第一节　品牌危机策略

在当今竞争激烈的市场环境中，企业面临着市场的风云变幻，经受着来自企业外部及内部各种不确定因素所带来的冲击和挑战，加之消费者维权意识的不断增强，品牌危机爆发变得越来越频繁。而当品牌危机爆发后，企业如何有效应对和处理显得至关重要，它将直接影响着企业品牌的生存与发展。

1.品牌危机的内涵

品牌危机相关主题的研究始于20世纪80年代，诸如产品伤害危机、品牌丑闻、品牌负面事件等称谓不一而足。而对于品牌危机的定义，学术界并没有统一的说法。国内外有代表性的定义主要包括余明阳和刘春章认为品牌危机指，由企业自身、竞争对手、顾客或其他外部环境等因素的突变,以及品牌运营或营销管理的失常所形成的事件,此事件对品牌整体形象造成不良影响,甚至危及企业生存。卫海英将品牌危机定义为:由于企业的某些不当行为或事件而被广泛宣传的负面事件导致的品牌关系严重扭曲乃至暂时或永久性断裂的状态。卢冰认为品牌危机是由于外部环境变化或企业内部失误导致品牌形象受损,造成品牌价值大幅下降进而危及企业的生存。托马斯和巴顿认为品牌危机是具有突发性的、必须在时间压力下作出决定的、高度威胁企业主要价值的事件。达瓦尔和雷将品牌危机定义为“由于未经证实的或已经证实的、众所周知的关于品牌的错误议题,进而导致对品牌产生的负面伤害”。杜塔和普利格认为品牌危机指威胁一个品牌使消费者受益的能力,因而削弱品牌资产的令人难以预料的事件。

综上所述,学者们对品牌危机的定义表述不尽相同,有的基于企业视角、有的基于消费者视角,有的将品牌危机定义为事件、有的定义为状态,但这些定义充分体现出品牌危机具有复杂性(多因素共同作用)、动态性(动态演变的过程)和扩散性(由内向外扩散)的特质,并会产生重要影响。

此外,为了更好地理解品牌危机的内涵,还需将品牌危机与相近概念进行联系和区分。如,品牌危机与产品伤害危机、企业危机、公共危机密切相关,但不完全相同,主要表现在:品牌危机与产品伤害危机在危机成因和危机评判标准上有所不同,产品伤害危机有可能发展成为品牌危机,但品牌危机也有可能是与产品伤害无关,但对品牌造成伤害的事件;品牌危机是企业危机中的一种,企业危机并不一定是品牌危机,企业危机更关注从管理制度和机制出发,对危机进行预警和防范;品牌危机从影响范围和危害程度上都小于公共危机,品牌危机多爆发在企业这一微观层面,因此,对品牌危机的研究多从消费者和企业管理的微观层面探讨危机事件对品牌关系造成的影响。虽然品牌危机不能等同于产品伤害危机、企业危机和公共危机,但三者在一定程度上会演化为品牌危机。首先,产品伤害危机会直接导致品牌污名事件、品牌负面报道、品牌过错事件和品牌丑闻等。其次,企业危机如企业社会责任缺失、企业衰退、公司伦理困境、身份危机和组织伤害性行为等,也会潜移默化地影响品牌,进而导致品牌危机。第三,公共危机,如政策变动、舆论风波等,也会对企业市场行为构成威胁,影响品牌知名度和市场份额。可以看出,品牌危机在很大程度上是企业发展与成长过程中无法避免的问题。

2. 品牌危机的影响

品牌一旦发生危机,就会产生一系列后果。品牌危机的影响主要可归纳为对消费者和对企业的影响两个方面。

(1)品牌危机对消费者的影响。首先,品牌危机会使得消费者的感知风险增加。感知风险是消费者主观地感知不确定性和结果的不能满足目标两者之间的函数,涵盖了功能目标、绩效目标、心理目标与成本之间的对比,所以当目标不能达到时,就产生了风险。风险来自消费者的主观感受,与客观风险无关。品牌危机事件后,消费者感知到风险增加,感知到的风险越大,越不信任该品牌。其次,品牌危机使得消费者产生负面情绪。大多数研究已经证实品牌危机影响消费者的态度，危机事件后导致消费者出现愤怒、失望、麻木、怀疑等负面情绪，消费者为了缓解或者释放负面情绪进而出现抵制行为，甚至报复企业。品牌危机越严重，消费者负面情绪越强烈，越会采取负面抵制行动。最后，品牌危机使得消费者购买意愿下降。品牌危机会影响消费者的考虑集，考虑集是指消费者在购买决策中会积极思考和评价的品牌。产品被消费者购买的前提是只有它进入考虑集中才有可能被选中，这是品牌能否被消费者选中的重要“门槛”。消费者的考虑集受到品牌危机的影响会发生系列变化。总之，品牌危机发生期间，消费者会从各种渠道获得危机的信息，感知风险增加，表现出紧张、激动、生气甚至是愤怒的负面情绪，购买意愿下降，最终会导致停止购买企业产品或转向购买竞争品牌产品。

(2)品牌危机对企业的影响。首先，品牌危机会对企业品牌资产产生影响。危机事件后，由于产品召回引起公司股价的下降，导致企业品牌资产受到损害。研究证实，危机事件后，消费者对企业的印象及已有的期望会影响企业的品牌资产。在品牌危机发生之后，企业无论是采取明确承担责任的措施，模糊不清的应对方式，还是明确否认责任的应对方式，这时对于消费者期望高的企业，品牌资产的损失都要小于期望低的企业。其次，品牌危机对营销工具效率的影响。品牌危机事件的影响不仅使企业的短期销量下降，并引起市场份额的损失，品牌危机还会引起企业的营销组合策略的效果下降。例如，危机后消费者的信任下降，对危机企业广告的关注度减少，品牌对潜在顾客的吸引力也下降。这时如果竞争者采取降价或者是加大广告投放力度等措施，潜在的顾客容易受竞争对手的产品或者广告吸引,尝试购买竞争品牌的产品。最后,品牌危机会产生溢出效应。品牌危机能够产生内溢效应,给处于危机中的品牌造成灾难性的损害。同时还有可能出现外溢效应,波及竞争对手的品牌乃至整个行业,对竞争对手品牌和整个行业的品牌产生一定的影响。如果危机品牌是同类品牌中的领导品牌,并且危机产品的属性能代表整个产品种类时,就会对消费者的品牌态度产生影响,这时品牌危机就会演变为行业危机。总之,品牌危机能引起企业成本的增加,对销售造成负面影响,减少营销策略的有效性,对企业形象造成负面影响,还能通过溢出效应给竞争品牌乃至整个行业带来反面影响。

3. 品牌危机的成因

对于品牌危机的成因,学术界也进行了大量研究,主要可以概括为组织内部和组织外部两个方面。其中,组织内部原因是企业自身主观原因,而组织外部原因是企业所处的客观环境。

(1)组织内部原因。组织内部原因主要包括企业战略决策和经营管理问题、商业伦理与企业社会责任问题,产品和服务质量问题,营销手段方面的问题等。

首先,企业战略决策和经营管理问题。错误的战略决策、经营理念或管理制度会导致品牌危机。2009—2010 年,刚刚成为全球第一大汽车制造商不久的丰田汽车公司,却接连因加速踏板、制动系统、发动机等一系列问题,陆续从全球召回 1000 万辆问题车,14 起罚金共 1600 万美元。召回规模之大、涉及国家之多,使得丰田品牌备受质疑,销售一落千丈,丰田汽车陷入前所未有的信任危机之中。究其原因,专家们说法不一,主要归结为全球化过程中扩张过快以及过度控制成本导致。

其次,商业伦理与企业社会责任问题。商业造假、虚假宣传、不道德不诚信、缺乏社会责任感等行为也会导致严重的品牌危机。2021 年 8 月 13 日晚,美一好品牌管理公司创始人林文钦先生,驾驶蔚来 ES8 汽车启用自动驾驶功能(NOP 领航状态)后,在沈海高速涵江段发生交通事故,不幸逝世。事件在网上迅速传播,很多网友对于自动驾驶的安全问题展开了大讨论。蔚来品牌部人士回复称,NOP 领航辅助不是自动驾驶。而在 8 月 12 日,工信部发布了《关于加强智能网联汽车生产企业及产品准入管理的意见》(以下简称《意见》)。《意见》提出,企业生产具有驾驶辅助和自动驾驶功能的汽车产品的,应当明确告知车辆功能及性能限制、驾驶员职责、人机交互设备指示信息、功能激活及退出方法和条件等信息。事件发生后,包括中国青年报、中央人民广播电台等在内的多家媒体对该事件及衍生事件进行了报道传播。中汽信科的汽车品牌传播效果与舆情监测平台显示,该事件全网声量 102481 条,相关微博热搜 13 条,86.7% 的网友对蔚来车祸事件持负面态度,认为当前自动驾驶发展并不完善,安全性能不高,车企自动驾驶存在虚假宣传现象。

再次,产品和服务质量问题。产品和服务的质量是品牌发展的根本和基石,然而,品牌出现质量问题的现象却时有发生,包括诸多知名品牌,这也是品牌危机产生的重要原因。尽管知名品牌出现质量问题比普通品牌要少得多,但消费者毕竟对它们充满了更多的期待和信任,所以,一旦出现质量问题，它们在消费者心目中的印象就会大打折扣。特斯拉曾被誉为“汽车界的苹果”，作为新能源汽车行业的标杆，不仅改写了人类对于纯电动车的认知，也刷新了大众对于汽车公司市值的判断。然而中汽信息科技有限公司发布的2021—2022年度中国新能源汽车行业客户满意度结果显示，在20多个汽车品牌中，特斯拉表现较差，尤其Model 3车型，在质量可靠性方面满意度得分较低，无论是可靠性及故障率，还是耐久性方面，排名均靠后。特斯拉汽车的问题主要集中在制造工艺上，比如油漆缺陷、缝隙过大、零部件异响以及娱乐系统等。此外，特斯拉近年被曝的“减配门”“电池缺陷”“异常加速”“制动失灵”等，使其身陷质量问题的漩涡，遭遇诚信、质量双重危机，口碑逐渐下滑，股价飘忽不定。

最后，营销手段方面问题。企业在营销过程中，广告创意不当、代言选择失误、公关应对不力等，都会导致不同程度的品牌危机。2022年5月21日，小满时节刚过，刘德华与奥迪汽车品牌合作的宣传短片《今日小满，人生小满就好》在社交媒体上刷屏后，一位名叫“北大满哥”的网络博主发布短视频，指出该广告文案抄袭自己的内容，引起轩然大波。2021年9月24日，劳斯莱斯官方微博发布一则由林涵夫妻为主角的品牌推广视频，该微博视频发布不久后，便遭大量的网友吐槽，斥责劳斯莱斯居然沦落到请网红代言，与劳斯莱斯的品牌定位严重不符。

（2）组织外部原因。组织外部的原因主要包括宏观环境因素和其他环境因素两大方面。

首先，宏观环境因素。宏观环境因素，如政治因素（国家政府制定的方针政策、国际政治环境等）、法律因素（国家或

地方政府所颁布的各项法规、法令和条例等）、文化因素（在一种社会形态下已经形成的民族特征、价值观念、宗教信仰、风俗习惯等）等也有可能导致品牌危机。

其次，其他环境因素。其他因素，如媒体负面报道、问题品牌的牵连及竞争对手的恶意诋毁等都有可能导致品牌危机。“水可载舟，亦可覆舟”，媒体对品牌的作用就是如此。企业经营管理方面出现一些问题，在企业自身看来是再正常不过的事情，但是一经媒体报道就可能成为危机。品牌声誉还可能受到其他问题品牌的牵连。2022 年，日野汽车被曝持续多年发动机数据造假丑闻。作为丰田汽车旗下子公司，日野汽车的不正当行为严重影响了丰田的声誉并使之面临巨大的经济损失。此外，出于竞争或是其他原因，品牌有受到他人陷害的可能。在消费者不明真相的情况下，这些陷害就变成了品牌的危机。

4. 品牌危机的预防与应对

（1）品牌危机的预防。在激烈的市场竞争中，品牌危机时有发生，且会对企业和消费者产生重要影响，所以，做好品牌危机的预防十分必要。品牌危机的预防主要包括两大方面：一是树立品牌危机防范意识，二是建立品牌危机预警系统。

首先，树立品牌危机防范意识。企业在经营管理中，必须树立强烈的危机意识，做到居安思危、未雨绸缪，并将这种危机意识贯穿于企业的所有层面。一要培养员工对工作的忠诚感、使命感以及对事业的责任感，在长期的生产经营活动中逐渐养成对客户负责、对社会负责、对自己行为负责的意识,只有这样才能提高产品质量和服务质量,获得消费者的认可和信任,降低品牌危机发生的概率。二要提高全体员工的风险意识,让所有员工都充分认识到“生于忧患,死于安乐”的道理,意识到具有危机意识的重要性。所谓企业全体员工的危机意识是指危机预防工作不仅依靠品牌管理部门和高层管理人员,而是要求全体员工共同参与。

其次,建立品牌危机预警系统。品牌危机预警是根据品牌危机的前兆,查找导致前兆的根源,控制危机事件的进一步发展或将危机事件扼杀于萌芽状态,以减少危机的发生或降低危机危害程度的过程。品牌危机预警系统包括:一个高效的危机管理小组及负责人;一套判断品牌危机范围、级别和类型的指标体系;一个品牌危机监控模式,含品牌数据的收集、分析、报告等。品牌危机预警的过程包括:识别品牌危机、评估品牌危机、处理品牌危机三个阶段。品牌危机识别的关键在于搜集危机征兆信息,如宏观经济环境、行业走势及竞争对手动态、媒体信息、利益相关者的信息反馈、企业内部信息等,对这些信息进行分析,找出可能引发品牌危机的动因。危机评估是危机识别的延续,通过设置合理、全面的品牌危机预警评价指标体系,对危机的范围、类别、级别进行准确地预测或评价。处理品牌危机是指根据品牌危机评价指标体系,对于具有不同品牌危机征兆的情况,采取相应的调控措施和手段。品牌危机处理的效果直接影响着危机对品牌造成损害的程度。

(2)品牌危机的应对。虽然预防品牌危机必不可少,但品牌危机一旦爆发,企业该如何应对?应对方式和应对策略是否得当,直接关系到品牌的后续发展。对企业来说,品牌危机的应对也是极具挑战性的。

首先,品牌危机的应对方式。

品牌危机应对方式主要讨论危机发生后企业用何种方式处理危机的问题。应对方式的选择代表了企业如何去呈现有关危机的信息。危机应对方式主要可分为三类:及时应对、一致应对和积极应对。

及时应对。品牌负面信息往往由第三方首先发布,经由媒体、网络等迅速放大。众多品牌危机管理实践表明,存在一个危机处置的48 小时黄金时间段,在这个时间段内,消费者虽然会产生吃惊、质疑甚至愤怒等负面情绪,但品牌关系尚不致急剧恶化。及时地应对,能够填补危机发生后消费者与企业间的信息空白,做到第一时间安抚消费者、减轻消费者心中的疑惑。2021 年 3·15 晚会上,英菲尼迪因变速器故障频发、与消费者签署不平等协议被央视财经点名。被央视财经曝光问题后 6 分钟,英菲尼迪发声明表示,高度重视并深刻意识到在处理客户诉求的过程中存在诸多亟待改善的细节,对受到影响的 QX60 车主表达诚挚的歉意,即刻采取有效措施并及时向公众和媒体通报进展情况。及时、真诚的应对,使得英菲尼迪成功化解了危机,不仅如此,还增加了消费者对品牌的好感,赢得了消费者信任。

一致应对。一致应对要求信息传播应保持前后一致,不出现矛盾。企业披露信息是否一致已经成为一个商业道德问题。危机爆发后,消费者对企业态度的关注有时更甚于产品本身可能存在的问题。危机沟通应符合商业伦理,企业要用公平合理的方式对待,问题的解释应全面。倘若企业在应对过程中出现不一致的情况,消费者的信任感会明显降低,最后导致双方关系难以修复。2020 年 1 月 22 日,由于质量问题,丰田汽车宣布在全球召回 340 万辆汽车,其中美国市场涉及 290 万辆;2 月 6 日,丰田汽车在北美召回大约 5.2 万台丰田和雷克萨斯车型,包括美国市场的 4.4 万台。在丰田的全球召回计划中,并没有涉及中国市场。但自 2019 年冬天开始,丰田多款车型在中国已陆续出现机油增多的问题,2020 年 2 月问题进一步发酵,覆盖车型包括亚洲龙、凯美瑞、RAV4、雷克萨斯 300h 等多款车型,在汽车之家、百度论坛、知乎以及车质网投诉案例已超过百例,且涉及范围非常之广,很多消费者都质疑丰田汽车是否区别对待中国用户。

积极应对。积极应对顾名思义就是要求企业每位成员在整个危机过程中都要保持良好态度,积极作出回应。消极和被动只会给消费者留下雇员冷漠、危机失控和企业隐藏真实信息的印象。在危机中保持主动是建立积极沟通关系的促进性因素,相反,消极或被动应对会破坏组织在公众中的信誉,并最终损害组织与公众的关系。2021 年 4 月 19 日,上海车展上一位身穿印有"刹车失灵"T 恤衫的车主站上特斯拉车顶维权。当天下午,特斯拉中国副总裁陶琳回应车展维权事件:特斯拉没有办法妥协。新华每日电讯评:特斯拉高管傲慢回应,谁给了特斯拉"不妥协"的底气。根据中汽信科汽车品牌传播效果与舆情监测平台显示,该事件全网声量 246383 条,相关微博热搜 64 条。主流媒体认为特斯拉道歉态度不诚恳,转移事件重点,态度转变过快引人怀疑;92.6% 的网友对特斯拉持负面态度,认为特斯拉不负责任，态度不诚恳。

其次，品牌危机的应对策略。

危机应对策略与危机应对方式不同，危机应对方式是指组织所选择的传递和表达信息的方式，回答企业面临危机之时该“怎么说”的问题，而危机应对策略强调企业进行危机回应的内容，偏重于回答企业“说什么”的问题。主要的危机应对策略包括道歉、赔偿、辩护（否认或澄清）等。汽车品牌危机应对策略应用实例见表 10-1。

汽车品牌危机应对策略应用实例　　表 10-1

年份(年)	危机名称	事件描述	应对策略
2010	丰田汽车召回门	总裁来中国道歉；对自行将汽车送往4S店进行召回的消费者，丰田方面提供一定的经济赔偿；推出现金优惠、大礼包赠送、交强险和车险赠送、免费保养等一系列措施	道歉/赔偿
2013	特斯拉车体起火	解释车体是在发生重大撞击之后起火，并非自燃；强调车辆的安全性能：大火仅仅局限在车头的部位；同时，警报系统显示车辆故障，智能“指引”驾驶员靠边停车并安全撤离	辩护
2021	英菲尼迪变速器故障	对受到影响的 QX60 车主表达诚挚的歉意，高度重视并深刻意识到在处理客户诉求的过程中存在诸多亟待改善的细节	道歉
	比亚迪员工猝死案	公司第一时间联系家属表示哀悼，并一次性补偿 20 万元	赔偿

第二节　长期品牌管理

长期品牌管理是战略品牌管理的基本内容,所谓“长期品牌”指的就是老品牌。任何品牌都具有生命周期,如果说新品牌的首要问题是如何进行品牌创建,那么老品牌的核心课题就是如何进行品牌强化与激活。

每个成功的品牌都经历一个产生、发展和壮大的过程。如果管理不善,品牌将会逐步走向衰老死亡。随着时代的变迁,经济的发展以及新技术的出现,老品牌不可避免地与消费者需求之间产生种种不适。也就是说,老品牌因时间推移而逐渐疏远了消费者。如果不及时改善品牌与消费者之间的关系,消费者将会转向其他新品牌,解决这个问题的必经之路就是进行品牌强化和品牌激活。品牌老化前,管理者应当采取品牌强化策略,以加深品牌在消费者心目中的认知和印象;品牌老化出现时,管理者应当及时采取品牌激活策略,使品牌摆脱衰老的形象,再现青春活力。品牌强化与品牌激活统称为长期品牌管理。

1.品牌生命周期

(1)品牌生命周期的定义及划分。品牌生命周期的定义。美国品牌专家史蒂芬·金指出,品牌的周期性衰退是不可避免的,品牌生命周期的概念就描述了品牌从出现到衰退的全过程。扬州大学潘成云博士将品牌生命周期分成广义和狭义两种。广义的品牌生命周期包括品牌法定生命周期和品牌市场生命周期。品牌法定生命周期是指品牌按法律规定的程序注册后受法律保护的有效使用期。品牌市场生命周期是指新品牌从产品或企业进入市场到该品牌退出市场的整个过程。狭义的品牌生命周期特指品牌市场生命周期，一般研究的品牌生命周期就是指品牌市场生命周期，并且假定品牌的市场生命周期始终处于品牌法定生命周期的有效范围内。

品牌生命周期的划分。20 世纪 60 年代初，德国学者布鲁恩教授首先提出品牌生命周期理论，他把品牌明确视为一个生命体，指出品牌生命周期由 6 个阶段组成，即品牌的创立阶段、稳固阶段、差异化阶段、模仿阶段、分化阶段以及两极分化阶段。营销之父美国学者科特勒认为，应该用产品生命周期概念来分析品牌，即品牌也会像产品一样，经历一个从出生、成长、成熟到最后衰退并消失的过程。英国著名广告学者琼斯教授对品牌成长发展的过程做了进一步深入研究，认为品牌发展过程应分为孕育形成阶段、初始成长阶段和再循环阶段。国内学者潘成云博士认为，完整的品牌生命周期应包括导入期、知晓期、知名期、维护与完善期、退出期等 5 个阶段，并指出大多数品牌都无法走完整个阶段，这就导致了品牌生命周期以另一种形式而存在，即“残期”。国内学者余明阳教授，基于品牌生命周期各个阶段的独特性，结合品牌管理者所采用的相关举措，将品牌生命周期细化为 4 个阶段，分别为初创期、成长期、成熟期以及后成熟期。

(2)品牌生命周期各阶段的特征。从上述国内外学者对品牌生命周期的划分来看，有“有限论”“无限论”“折中论”3 类观点，本文采用上海交通大学余明阳教授“折中论”观点来划分品牌生命周期阶段，并总结各阶段特征。

第一阶段是初创期。新品牌以为数不多的新产品形式刚进入市场，消费者也刚开始接触品牌，对品牌的了解较少，品牌认知度较低，品牌的销量和市场份额较低。同时，消费者对品牌的特色也不甚了解，对该品牌与自己需求间的关系也深感模糊，依靠产品建立的品牌关系较为松散，品牌活力不足。品牌管理者在这一阶段主要承担以下工作：市场调研、产品外包装以及商标的设计、品牌理念及名称的确立、树立正确的品牌定位。品牌建成后，管理者所面临的最大挑战就是产品价格的制定、对应产品的宣传推广、开拓对应的产品销售渠道等。

第二阶段是成长期。品牌的某个或某几个产品由于质量好，满足一部分市场需求，开始有一定的市场，加上营销策略得当，品牌的销量快速上升，市场份额提高较快，品牌在特定消费群体中开始有一定的知名度，但企业在塑造独特的品牌形象，赋予品牌鲜明个性等方面还做得不够，还没有在目标公众心目中建立起品牌认同感和依赖感，品牌忠诚初步建立，品牌关系成长较为迅速。这时，品牌管理人员所有决策的影响力都是异常关键的，但这一过程中品牌盲目延伸的决策失误问题并不罕见。

第三阶段是成熟期。品牌进入成熟期，也就意味着品牌开始进入生命周期的黄金时期。品牌推出系列产品，销量较大，品牌所代表的产品占有较高的市场份额，品牌知名度较高，并拥有较多消费者的认知和忠诚等竞争优势，品牌关系稳定且密切，品牌更具活力，具有较强的市场竞争力。品牌管理者在这一阶段所面临的最大挑战就是品牌维护力度的提升，并且品牌对应产品的质量监督体系及售后服务体系发挥着不容小觑的影响力。从品牌的角度来讲,可借助多样化的举措促进品牌的持续发展,比如产品创新性的提升、市场开拓、品牌延伸以及调整市场定位等,这一阶段最关键的工作就是品牌管理力度的强化。

第四阶段是后成熟期。之所以将其命名为后成熟期,是由于经历了成熟期后的品牌大都会面临两种结果:一是品牌在市场里逐步弱化,最终被挤出市场;二是通过创新和延伸品牌,品牌重新获得了生机,实现品牌激活。在后成熟期,品牌的主要特征表现为:其所代表产品的市场份额、销售收入、利润空间开始出现大幅下降的趋势,这时一部分竞争对手在残酷的市场竞争中退出市场,品牌的影响力也随着产品销量的大幅降低而走向衰落,消费者开始不再关注该品牌,转而被其他品牌吸引,消费者对该品牌的认知逐渐淡化,品牌形象逐渐老化。

2. 品牌强化

品牌强化是通过一系列一致性的营销活动向消费者传递品牌意义,包括品牌认知和品牌形象两个方面,进而加强品牌资产。品牌强化的根本目的在于预防品牌老化,使品牌青春永驻。如图 10-1 所示为品牌强化框架。

品牌认知和品牌形象的相关内容前面章节已有阐述,所以这一部分主要探讨品牌强化的实施。

(1)维护品牌的一致性。在进行品牌传播时,企业必须有整合传播的理念,各种传播手段、各阶段传播内容都围绕一个品牌核心诉求。在竞争者日益增多的今天,这种品牌传播的一致性是非常必要的,因为各竞争者本来就在发出不同的声音，如果连自己的品牌传播都不统一，那么受众很难对品牌有一个清晰的认识。如前文所述，宝马的品牌定位是“最完美的驾驶工具”，结合设计、动力与科技三大要素，树立了宝马“尊贵、年轻、活力”的形象，相应地，品牌所有的传播手段都围绕这样的主题进行，不断强化品牌认知和形象。品牌的一致性既表现在不同传播手段之间的横向配合上，也表现在不同时期传播内容的纵向衔接上。市场环境在改变，企业的目标、管理者、广告商也在不断变换，因此要维护品牌的一致性并非易事。但成功的品牌都在持之以恒地维系着品牌的一致性，如：一提到沃尔沃就让人想到“安全”，原因是自1945年以来沃尔沃无论是产品专利、媒体广告还是撞车试验都是在诉求“安全”，尽管中途也曾诉求“豪华”，但马上又回归到安全上面。

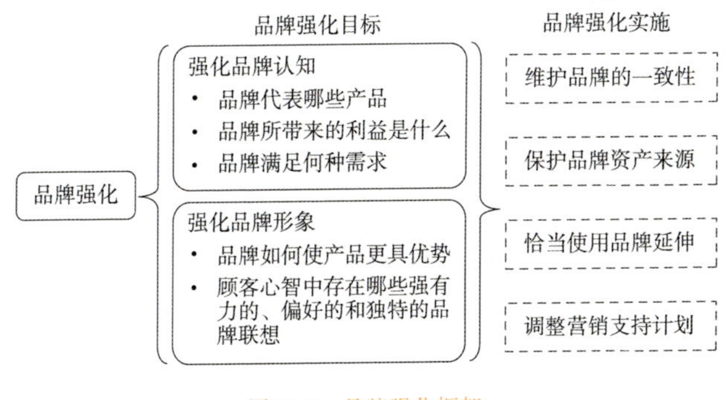

图 10-1　品牌强化框架

资料来源：《品牌管理》（第2版）

（2）保护品牌资产来源。虽然品牌总是寻求新的强有力的品牌资产来源，但最应当优先考虑的是保护和维持已有的品牌资产来源。除非消费者行为、竞争对手或是公司本身发生了变化，从而使得品牌定位有误——例如品牌的差异之处或类似之处不够理想，从而使品牌的可传递性较差——否则无须偏离成功的品牌定位。理想地说，品牌资产的关键来源具有持久性价值。因此，管理者应当对品牌资产的来源要素进行分析，以保护对品牌有重要贡献的资源。如成立于2014年的造车新势力小鹏汽车，于2021年11月实现品牌焕新，品牌定位也从“智能汽车引领者”改为“未来出行探索者”，虽然有所变化，但其中的科技基因和探索精神未变，通过不断探索科技，引领未来出行变革。

(3)恰当使用品牌延伸。将成功的品牌延伸到一些新的产品上面，可以提高品牌在市场上的可见度，强化消费者对原品牌的认知和联想。具体的做法主要有两种：一是采用主副品牌，填补产品项目，如别克凯越、别克君越等，以主品牌展示系列产品社会影响力，而以副品牌体现各个产品不同的个性特点。二是采用品牌延伸推出新的产品线。

(4)调整营销支持计划。营销组合策略为品牌强化提供了重要的战术支持，产品、价格、分销、促销中的任何一个都可能会强化消费者的品牌认知和联想。营销组合支持计划的设计取决于品牌联想是产品相关联想还是非产品相关联想。产品相关的品牌联想是由产品相关的特点所引起的，如产品技术、包装设计等，新产品的开发最好在原产品优势基础上调整，差异太大会使产品相关的品牌联想不够清晰。非产品相关的品牌联想与产品无关，主要是广告所导致的，为使品牌形象得到强化，广告诉求一般不轻易改变，可以改变的是广告的表现形式。

3. 品牌激活

品牌激活也称品牌复活、品牌活化、品牌再造，指当品牌老化时，管理者采取一系列措施，恢复品牌在消费者心目中的形象，重夺市场份额。

(1)品牌激活的条件。并非所有老品牌都应该并且能被激活，所以，在实施品牌激活之前，需要考虑品牌激活的条件，如图 10-2 所示，以避免品牌激活工作的盲目性。

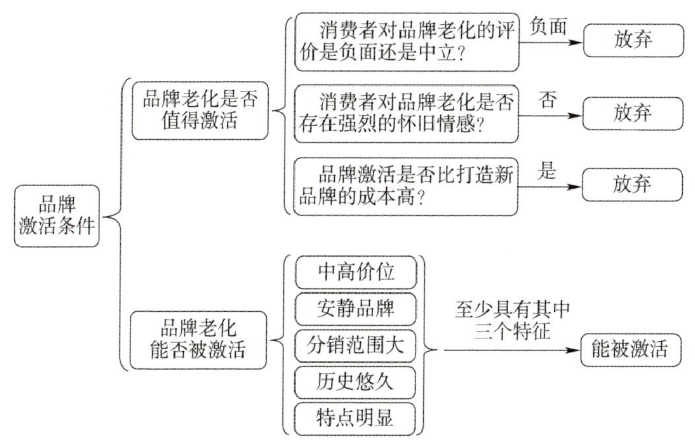

图 10-2　品牌激活的条件

资料来源:《品牌管理》(第 2 版)

(2)品牌激活原理。品牌激活原理分成认知心理学视角和社会心理学视角。前者主要从消费者的认知心理入手，提出通过一系列的营销活动，提高品牌认知，重塑品牌形象，最终达到重建品牌资产的目的；后者主要从品牌本身的意义、内涵、本质等方面出发，通过品牌故事、品牌社群、怀旧性的广告等，唤醒消费者对该品牌的社会心理联结，最终达到建立或恢复消费者与品牌亲密关系的目的。

基于认知心理学视角的品牌激活框架。从品牌资产的角度,凯勒提出了品牌激活的两条思路:一条是更新旧的品牌资产来源;另一条是创造新的品牌资产来源。凯勒认为品牌资产由品牌认知和品牌形象两个要素组成,因此,激活品牌资产也应当从这两方面着手,如图 10-3 所示。

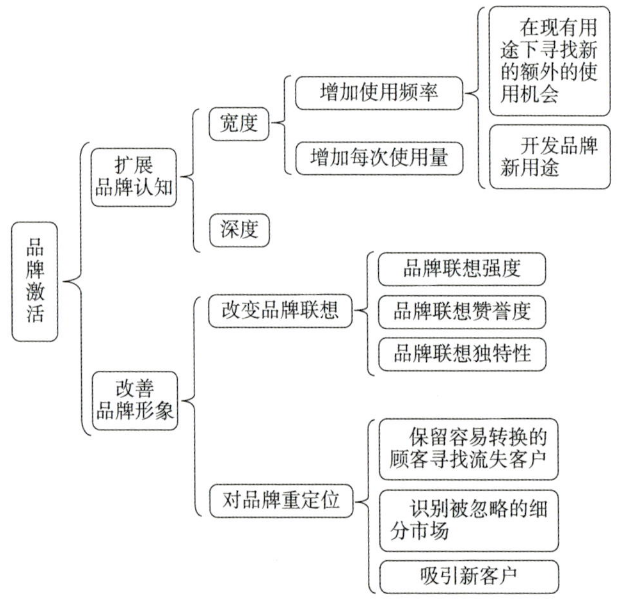

图 10-3　凯勒教授的品牌激活框架

资料来源:《长期品牌管理》

基于社会心理学视角的品牌激活框架。从社会心理学角度看,品牌激活强调的是品牌意义的复活,机理是唤醒消费者的怀旧情结。基于此,布朗教授等人提出了“4A”品牌意义复活框架,如图 10-4 所示。

(3)联合视角的品牌激活矩阵。华东师范大学何佳讯教授,在分析了认知心理学视角和社会心理学视角品牌激活的区别和联系之后,考虑我国品牌激活的实际情况,总结出认知心理—社会心理联合视角的品牌激活矩阵,如图 10-5 所示,提出四大根本的品牌激活策略,即唤醒记忆、复古风格、扩展认知和改变形象。

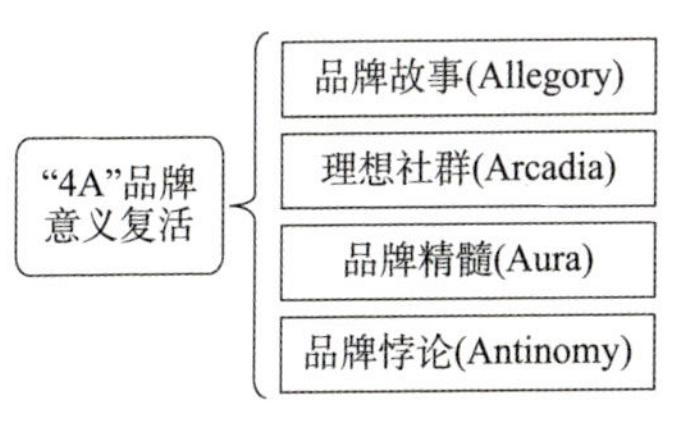

图 10-4　布朗教授等人的品牌激活框架

资料来源:《品牌管理》(第 2 版)

社会心理的视角

认知心理的视角	老资产	新资产
认知	唤醒	扩展
形象	复古	改变

图 10-5　品牌激活矩阵

资料来源:《长期品牌管理》

具体可以采取的措施如下:唤醒记忆。利用怀旧心理,以情感诉求建立消费者关系。怀旧可以分为个人怀旧和集体怀旧两种。个人怀旧与个人的年龄、生活经历等因素有关,而集体怀旧主要是与一个时代或一个民族有关。中华民族是世界上比较怀旧的民族,对过去的东西或经历有着很深的感情。如果通过营销唤醒消费者的记忆,那么可以建立老品牌与特定群体之间的独特关系。唤醒记忆可以通过相似的广告口号、产品包装、产品款式等来实现。复古风格。重估品牌精髓和意义,加强对品牌故事的宣传。具有悠久历史的老品牌,每一个都有鲜为人知的故事,有着深刻的意义。复古风格重在以旧元素引领新风尚。在品牌激活过程中,应该重视品牌的核心价值，将说教性的品牌信息情节化、增强品牌的感染力，并注入新时代的元素，同时还要与现代技术相结合。改变形象。老品牌应该在“新”上下功夫，要“表”“里”并重。“表”指包装、外形、款式等外在的东西；“里”指产品的质量、技术含量等。“新”包括新产品、新服务、新技术、新用途、新市场、新渠道、新商业模式等。这一系列措施不但可以拓展品牌认知，还可以大幅改善品牌形象。扩展认知。实行联合品牌和跨界经营，以无形资产撬动有形资产。老品牌最大的资产是无形资产，以品牌为纽带，通过联合经营而非直接投资的方式，组建“战略联盟”，同时积极进行品牌延伸和产品线延伸，充分发挥无形资产的价值。此外，还可以积极探索跨界经营，开拓新业务领域以及发展新商业模式。

如诞生于1958的红旗轿车，作为代表民族精神和民族情结的高端豪华品牌，2017年全年销量仅有4702台，在市场几乎没有存在感，它的知名度和影响力远远大于市场存在，产品陈旧古板，品牌老化严重。2018年新红旗品牌战略调整后，品牌向年轻化、平民化方向转变，通过品牌激活策略成功实现销量逆转。短短3年时间，红旗销量从2017年的4702台，增加到2020年的23万台，销量增长了50倍。唤醒记忆方面，红旗汽车作为“共和国之子”，自1958年诞生以来，一直是国家重大活动的国事用车，红旗品牌在由“国车”向“国民车”转型过程中，广告仍旧与家国情怀和文化自信紧密相连。复古风格方面，红旗汽车60多年的风雨之路见证了中国汽车工业的发展，是国人的骄傲。作为中国民族自主豪华车品牌的代表，新红旗提出“新高尚”“新精致”“新情怀”的理念，在突出中国优秀文化和悠久历史的同时，也与世界先进文化、现代时尚设计、前沿科学技术、精细情感体验深度融合。改变形象方面，红旗汽车近年来，不断推出新的车型，年轻化、时尚化，作为红旗品牌复兴标志性车型 H9，其优秀的品质也越发被市场认可。2018 年发布的新车标，设计理念依旧延续红旗精神，车标外观呈盾牌形，两面展开的红旗呈对称形状，寓意旗开得胜。黑色的背景及经纬线格填充，象征万物互联的新时代；金色与红色的撞色搭配，不仅具有较强的对比度和视觉冲击力，而且还彰显了中国特色的古典美。扩展认知方面，如新红旗品牌向东京奥运会斩金夺银的中国奥运健儿赠送红旗 H9；新红旗品牌启动“旗仕生态”，联合跨行业品牌成立“旗仕联盟”，为客户提供服饰、餐饮、住宿、旅行、医疗、金融、文化、数码等多种行业的独家权益；中国一汽与万达集团签署战略合作协议，充分利用万达旗下丰富资源，通过全新红旗商超体验店，为一汽红旗车主提供独具特色的服务体验等。

4. 老化汽车品牌激活模型

老化汽车品牌激活主要包括三个步骤，具体的模型流程如图 10-6 所示。

第一步，判断老化汽车品牌是否值得激活。可以通过消费者对老化品牌的评价，消费者对老化品牌的怀旧情感，以及品牌激活的成本三方面进行判断。

第二步，判断老化汽车品牌激活的可能性。在中高价位、安静品牌、分销范围大、历史悠久、特点明显 5 个特征中，老化品牌至少应具三个特征才能被激活。

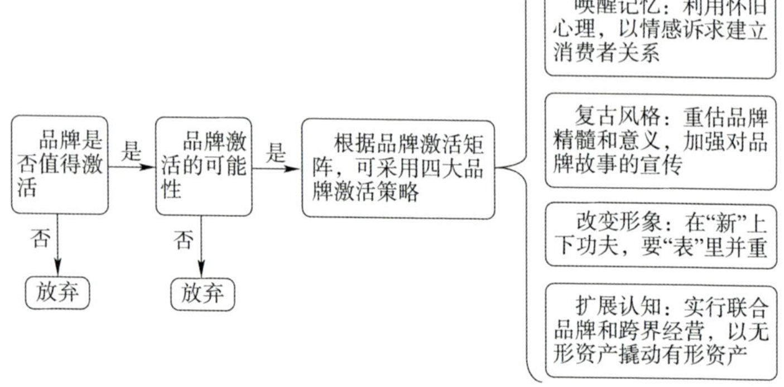

图 10-6　老化汽车品牌激活模型

第三步，根据认知心理—社会心理联合视角的品牌激活矩阵，采用四大品牌激活策略对老化汽车品牌进行品牌激活，即唤醒记忆、扩展认知、复古风格和改变形象。

强势品牌对企业至关重要，本篇在分析品牌核心概念与汽车品牌总体战略的基础上，讨论创建品牌的基本路径，从品牌创建、品牌运营、品牌提升和品牌维护四个方面详细讨论了汽车品牌的战略管理，完善了汽车品牌管理策略。

最后，我们或许还要思考一些问题。今天，品牌的角色和功能在根本上得到普及并为消费者所重视，创建品牌的重要性不会改变。但对汽车企业而言，未来的品牌之路会发生什么变化？汽车企业未来的品牌应如何规划？今天与任何一个时代都不同，企业面对的是瞬息万变的市场环境。汽车品牌管理面临的最大挑战是什么？近十年来我们所处的环境变化速度越来越快，怎样才能在新的时代里运营自己的品牌？企业面对的消费者越来越多样,也更有主见。如何与年轻一代的消费者有效沟通？而迅速发展的技术也改变着人们的生活和购物方式,改变着营销者了解消费需求并据此管理品牌的方式。最终,来自市场环境、社交群体和社会的挑战越来越严峻。汽车品牌的管理者谨记:消费者是品牌真正的持有者。

参考文献

[1] 钟志华,乔英俊,王建强,等.新时代汽车强国战略研究综述(一)[J].中国工程科学,2018,20(1):1-10.

[2] 钟志华,乔英俊,王建强,等.新时代汽车强国战略研究综述(二)[J].中国工程科学,2018,20(1):11-19.

[3] 沈进军.2021中国汽车市场年鉴[M].北京:中国商业出版社,2021.

[4] 徐进.汽车营销学[M].北京:机械工业出版社,2019.

[5] 李华旭.中国民族品牌汽车产业发展战略框架及路径研究[J].大庆:大庆社会科学,2019(8).

[6] 费劲,陈銮,谢芷莹.中国汽车产业发展历程与嵌入性演变[J].生产力研究,2019(4).

[7] 王俊杰,刘连厂,邓建平.汽车文化[M].上海:同济大学出版社,2019.

[8] 陶涛.技术创新与中国汽车价值链结构[J].国际贸易,2019(2):55-61. DOI:10.14114/j.cnki.itrade.2019.02.009.

[9] 赵浚竹,孙铁山,李国平.中国汽车制造业集聚与企业区位选择[J].地理学报,2014,69(6):850-862.

[10] 陈肖飞,韩腾腾,栾俊婉,等.新创企业的时空分异与区位选择——基于中国汽车制造业的实证研究[J].地理研究,2021,40(6):1749-1767.

[11] 中国汽车流通协会.2021中国汽车市场年鉴[M].北京:中国商业出版社,2021:54-66.

[12] 汤宏雪. 2022 年我国汽车行业发展及用钢预测[J]. 冶金管理,2022(2):27-31.

[13] 邵明堃,雷晓斌,马冬妍,等. 工业互联网平台在中国汽车行业的应用现状、制约因素及对策建议[J]. 科技和产业,2021(10):260-264.

[14] 刘跃. 探寻历史的车辙——记录中国汽车工业的发展[J]. 世界汽车,2019,(9):42-45.

[15] 卡普费雷尔. 战略品牌管理[M]. 5 版. 何佳讯,等,译. 北京:中国人民大学出版社,2020.

[16] 李娜. 营销 3.0 视域下整合品牌传播策略研究[D]. 广州:暨南大学,2013.

[17] 李炎炎. 长城哈弗汽车品牌定位策略研究[D]. 吉林:长春工业大学,2018.

[18] 李永钧. 绚丽多彩的各国汽车文化[J]. 上海企业,2021(4):91-96.

[19] 刘常宝,肖永添. 品牌管理[M]. 北京:机械工业出版社,2011:68-90.

[20] 刘天娇,谢辰欣. 品牌故事类型对消费者品牌态度的影响研究[J]. 经营与管理,2022(2):49-54.

[21] 龙圣民. 次级品牌联想在企业品牌建设中的作用[J]. 企业经济,2005(3):70-71.

[22] 邵冬梅. KY 汽车品牌定位策略研究[D]. 成都:西南交通大学,2021.

[23] 申光龙,等. 整合营销传播战略评估指标体系研究[J]. 管理科学,2006(2):42-49.

[24] 神铭钰. 苦中作乐? 品牌故事类型对消费者态度的影

响研究[D]. 广州:暨南大学,2021.
[25] 王海忠. 品牌管理[M]. 北京:清华大学出版社,2021:298-311.
[26] 夏欢,戈马,焦静. 哪种汽车文化适合你[J]. 汽车消费报告,2010(1):144.
[27] 叶可. 以东风本田为例探索中国家用轿车整合品牌传播策略[D]. 武汉:武汉理工大学,2006.
[28] 俞宁,乔英俊,胡卫国,等. 我国先进汽车文化发展研究[J]. 中国工程科学,2018,20(1):139-143.
[29] 张杰. LM 汽车公司品牌定位研究[D]. 昆明:云南财经大学,2022.
[30] 张锐. 从传播汽车文化的视角看汽车市场营销策略[J]. 中国商贸,2014(19):89-90.
[31] 钟伟. 体验式营销在汽车营销中的应用研究[J]. 时代汽车,2022(1):178-180.
[32] 周自强,王华琳. 品牌文化视域下的汽车标志设计研究[J]. 时尚设计与工程,2022(2):55-57.
[33] 周志民. 品牌管理[M]. 2 版. 天津:南开大学出版社,2015.
[34] 凯勒. 战略品牌管理[M]. 4 版. 何云,吴水龙,译. 北京:中国人民大学出版社,2014.
[35] 何佳讯. 长期品牌管理[M]. 上海:上海世纪出版集团,2015.
[36] 李辰云. 基于品牌生命周期理论的中国体育用品品牌策略研究——以李宁公司为例[D]. 上海:上海交通大学,2017.

[37] 黄潇仪. 基于 CBBE 模型的 Y 饮料公司品牌激活策略研究[D]. 杭州:浙江大学,2022.

[38] PORTER M. Competitive advantage:creating and sustaining superior performance[M]. Simon & Schuster,Inc. ,1985.

[39] 科特勒. 要素品牌战略[M]. 上海:复旦大学出版社,2010.

[40] 何云,陈增祥,HE,等. 要素品牌战略及理论研究评述[J]. 品牌,2016(1):9.

[41] 范建斌. 搭建“信息屋”有效管理品牌信息[J]. 国际公关,2011(4):87-87.